理科の達人が推薦する

理科重要観察・実験の指導法
5・6年生 60選

監 修：東北大学大学院情報科学研究科 教授 **堀田龍也**
編 著：群馬県藤岡市立神流小学校 校長　　 **齋藤俊明**
　　　 群馬県前橋市立城南小学校 教頭　　 **笠原晶子**

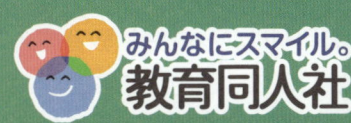

はじめに　監修者から

観察・実験で理科の問題解決を大切にしたいと願う読者のみなさんへ

東北大学大学院情報科学研究科 教授　堀田 龍也

　小学校高学年の理科では、たくさんの観察・実験を取り扱うようになります。観察・実験は、理科における問題解決の中核に位置付けられるものです。
　観察・実験は体験的な活動です。しかしそこに知的な思考が行われなければ、肝心な学習内容に深く迫ることはできません。読者のみなさんの教室では、観察・実験から思考に繋がっているでしょうか。

　我が国の小学校理科で取り扱う内容は、「A. 物質・エネルギー」、「B. 生命・地球」の2つに内容区分されています。5年生では、物の溶け方、振り子の運動、電磁石の変化や働き、植物の発芽から結実までの過程、動物の発生や成長、流水の様子、天気の変化などについて、「自然の事物・現象の変化や働きをそれらにかかわる条件に目を向けながら調べる」ことが目標となっています。6年生では、燃焼、水溶液、てこ、電気、生物の体のつくりと働き、生物と環境、土地のつくりと変化の様子、月と太陽の関係などについて、「自然の事物・現象についての要因や規則性、関係を推論しながら調べる」ことが目標となっています。
　観察・実験は体験的な活動ですが、これらを行う前に予想や仮説を立てること、行った後に結果について考察を行うことが、科学的な思考力や表現力の育成にとって何より重要です。したがって、観察・実験にあたって「何を調べるのか」「なぜ調べるのか」「どのように調べるのか」というような手続きを明確に理解させてから取り組ませることが必要です。しかしこれらの活動には一定の時間がかかります。授業時間のできるだけ多くを観察・実験そのものにかけるためには、教師による説明はわかりやすさを担保した上で、できるだけ短い時間で行いたいものです。
　また、望まれるすべての観察・実験に行い得るほど潤沢な指導時数はありません。理科の指導時数は現在でもかなりタイトです。1つ1つの観察・実験をすべてていねいに行わせることは無理な話です。ということは、重要な観察・実験に絞って、どの児童にも確実に望ましい体験的な活動になるようにするために、その手順やポイントを教師が短い時間でわかりやすく説明して仮説を持たせ、観察・実験をスムーズに行い、残った時間をできるだけ児童が観察・実験およびその結果から考察することに時間を割くようにしたいものです。

　本書は、小学校高学年の理科の観察・実験の指導場面において、その手順やポイントを教師が短い時間でわかりやすく説明し、その後の観察・実験から理科の本質に迫る思考を導くことを目指して企画されました。そのために、理科教育に深く関わってきた齋藤俊明氏と笠原晶子氏を編著者に迎えました。第1章は、彼らが長年培ってきた小学校高学年の理科指導の原則を執筆したものです。
　次に、教科書や理科学習ノート等の教材に多く見られる典型的な観察・実験から彼らの目で60点選定しました。各観察・実験に対し、その手順やポイントを編著者の2人が教師向けに書きました。その上で、当該の観察・実験を授業で行う際の具体的な展開例を示しました。これが第2章と第3章です。
　第4章には、近年、普通教室に大型テレビや実物投影機、ノートパソコンなどの提示系ICTが広く導入されている現状を踏まえ、教師が資料をICTで映して説明する場合のノウハウについて、ICT活用分野の有力な実践研究者である高橋純氏に整理してもらいました。さらに第5章として、観察・実験での学習成果の定着のための学校教材の活用について、理科教育の実践家である八木澤史子氏に担当してもらいました。

　本書で取り上げた図表やイラスト等の資料は、株式会社教育同人社発行の『理科学習ノート5年』『同6年』に掲載されているものから厳選しました。これには理由があります。
　理科で用いられる資料のうち、個々の図版・写真等には当然ながら版権・著作権があります。それぞれの版権者・著作権者に権利がありますから、簡単に転載することができません。正式な手続きに長い時間と相応の費用

を支払えば可能となりますが、その分、本書の価格に上乗せされることとなり、出版も遅延します。

　一方、多くの教師が期待するのは教科書に掲載されている図表やイラストそのものだと思いますが、これらの資料にも上記のような権利者がいるか、そうでない資料は教科書会社の著作物です。教科書会社の多くはデジタル教科書を開発し販売していますので、著作物は自社利用が原則となります。

　教科書の採択は広域で行われます。その上でデジタル教科書まで導入されるかは各自治体の予算規模等に影響されます。デジタル教科書の市場価格は1教科1学年あたりおおむね6〜8万円です。この金額で仮にある学年に購入してもらえる地域はまだあまり多くありません。単級の学校も増えている中、なかなか羽振りの良いICT整備はできないという現実があります。

　このような背景の中、私は、児童向けの理科学習ノートを制作し副教材として学校向けに販売している教材会社である株式会社教育同人社に協力を依頼しました。同社の森達也社長は私の考えに共感してくれ、協力のご快諾をいただきました。もちろん、理科学習ノートにも他者が権利者である資料はたくさんあります。そこで、教育同人社が版権を持つ資料に絞った上で厳選し、不足分を別途作成することとしたのです。

　さらに私は、デジタル教材を広く開発しているIT企業であるチエル株式会社に協力を依頼しました。同社の川居睦社長もまた大いに共感してくれ、本書に掲載されている60点の観察・実験の手順やポイントを提示できるような提示用デジタル教材の共同開発をご快諾いただきました。その結果、『小学校の見せて教える理科　観察・実験5年生』『同6年生』という一斉授業を前提とした提示用デジタル教材が完成しました。このデジタル教材では、観察・実験の手順やポイントを順序立てて表示することができます。たとえば、器具の使い方を名称を隠して提示したり、実験の手順を器具の操作の留意点と同時に表示したりすることができます。理科学習ノートのある図表やイラストを実物投影機で大きく映すことと比べれば、観察・実験の性質に応じた部分提示が可能となるのです。しかもデジタル教科書よりはるかに安価に、教師個人での利用は4,900円という価格での販売を実現してくれました。

　このように、理科教育に卓越した教師たち、ICT活用の実践研究者、教材会社、そしてデジタル教材開発企業の異業種コラボレーションによって、本書が完成したのです。

　60点に厳選するという作業は難航しました。なぜなら教科書に掲載されている観察・実験ならば、いずれも大切なものだからです。かといって100選にしてしまったら、理科が得意な少数の教師なら喜ぶでしょうが、理科はあまり得意ではないという教師たちや、近年増加している若手教師たちの指導力を考えると、結局はどれを大切にすればいいかを惑わすことになってしまいます。

　すなわち本書は、理科の指導があまり得意ではないという教師たちをメインターゲットにしています。どれも大切な観察・実験の中から、タイトな授業時数と児童の実態を考え合わせ、この60点の観察・実験をしっかりと指導すれば、自然事象を深く検討するような授業につながりますよということを主張しています。このような授業の実現を支援するのが、先に紹介した『小学校の見せて教える理科　観察・実験5年生』『同6年生』という提示用デジタル教材です。本書の読者のみなさんには、ぜひこの教材の併用をお勧めします。

　学校教育法第30条には、「基礎的な知識及び技能を習得させるとともに、これらを活用して課題を解決するために必要な思考力、判断力、表現力その他の能力をはぐくみ」とあります。これが今期の学習指導要領の基調です。重視されている思考力、判断力、表現力は、習得させた基礎的な知識及び技能を活用させて育むと書いてあるのです。まずは基礎的な知識及び技能をしっかり身に付け、それを活用する学習活動をして、より高次な学力も身に付けていくという二段構えの学習こそが「生涯にわたり学習する基盤が培われる」ための学習なのです。

　基礎的な学力の必要性は何も変わっていません。私たちは、限られた時間の中でより確実にこれを身に付けさせなければなりません。知識や技能を活用する学習活動の時間を十分に確保するための指導内容の厳選と指導方法の効率化。私たちが本書を書いた大きな思想はここにあります。

　本書が読者のみなさまのお役に立てることを願っています。

はじめに
観察・実験で理科の問題解決を大切にしたいと願う読者のみなさんへ
　　堀田龍也　東北大学大学院情報科学研究科　教授 …………………………………………………… p2

第1章　5・6年生理科の指導のポイント
　1．理科の学習で大切にしたいこと ………………………………………………………………… p6
　2．高学年理科における観察・実験の概要 ………………………………………………………… p8
　3．観察・実験で養われる力 ……………………………………………………………………… p10
　4．実験・観察をさせるときのポイント ………………………………………………………… p11
　5．効率よく効果的に観察・実験を行うには …………………………………………………… p12

第2章　理科重要観察・実験の指導法　＜5年生＞
　●資料の見方 ………………………………………………………………………………………… p14
　　デジタル教材「小学校の見せて教える理科　観察・実験」とは

A．物質・エネルギー
①もののとけ方 ………………………………………………………………………………………… p16
　　実験1　ものを水にとかす前ととかした後の全体の重さ　　実験2　決まった量の水にとける食塩やミョウバンなどの量
　　実験3　水の量を変えたときの食塩やミョウバンなどのとけ方　　実験4　水の温度を変えたときの食塩やミョウバンなどのとけ方
　　コラム　電子てんびんの使い方　メスシリンダーの使い方　「すり切り1ぱい」のはかりとり方
②ふりこの運動 ………………………………………………………………………………………… p22
　　実験1　おもりの重さを変えたとき　　実験2　ふりこの長さを変えたとき　　実験3　ふれはばを変えたとき
　　コラム　ふりこが1往復する時間の求め方
③電流のはたらき …………………………………………………………………………………… p26
　　実験1　電磁石の性質やはたらき　　実験2　電磁石を強くする方法①（電流の強さを変える場合）
　　実験3　電磁石を強くする方法②（導線のまき数を変える場合）　　コラム　電磁石の作り方　電流計の使い方

B．生命・地球
④発芽に必要な条件 ………………………………………………………………………………… p30
　　実験1　発芽に必要な条件（水）　　実験2　発芽に必要な条件（空気）　　実験3　発芽に必要な条件（温度）
⑤発芽する前後の種子の養分 ……………………………………………………………………… p32
　　観察1　種子のつくり　　観察2　発芽の養分　　コラム　ヨウ素液の薄め方
⑥植物の成長に必要な条件 ………………………………………………………………………… p34
　　実験1　植物の成長に必要な条件（日光）　　実験2　植物の成長に必要な条件（肥料）　　コラム　バーミキュライトとパーライト
⑦花のつくり ………………………………………………………………………………………… p36
　　観察1　花のつくり　　観察2　めしべとおしべのつくり　　コラム　虫めがねの使い方
⑧実ができるための条件 …………………………………………………………………………… p38
　　実験1　花粉のはたらき　　コラム　けんび鏡の使い方
⑨メダカのたんじょう ……………………………………………………………………………… p40
　　観察1　メダカをかう（準備）　　観察2　メダカのめすとおすの見分け方　　観察3　メダカのたまごの観察
　　観察4　水の中の小さな生物の観察　　コラム　メダカのかい方　プレパラートのつくり方　かいぼうけんび鏡の使い方
⑩流れる水のはたらき ……………………………………………………………………………… p44
　　実験1　水の流れるようすと地面の変化①（土地のかたむき）　　実験2　水の流れるようすと地面の変化②（水の流れが曲がる場所）
　　実験3　水の量と流れる水のはたらきとの関係
⑪天気の変化 ………………………………………………………………………………………… p46
　　観察1　天気と雲の関係　　観察2　天気と雲の量　　コラム　天気の決め方　方位じしんの使い方
⑫台風と天気の変化 ………………………………………………………………………………… p48
　　観察1　台風と天気の変化①（記録）　　観察2　台風と天気の変化②（資料の集め方）　　コラム　台風とわたしたちのくらしとの関係

第3章　理科重要観察・実験の指導法　＜6年生＞

A．物質・エネルギー

①ものの燃え方と空気 ……………………………………………………………………………………… p50
　　[実験] 1 びんの中でろうそくが燃え続ける条件　　[実験] 2 ものを燃やすはたらきのある気体
　　[実験] 3 ものが燃えるときの空気の変化①（石灰水を使う）　　[実験] 4 ものが燃えるときの空気の変化②（気体検知管を使う）
　　[コラム] 石灰水の使い方　気体検知管の使い方

②水よう液の性質 …………………………………………………………………………………………… p56
　　[実験] 1 リトマス紙を使った水よう液の仲間分け　　[実験] 2 塩酸にとけた金属の性質①（金属に塩酸を注ぐ）
　　[実験] 3 塩酸にとけた金属の性質②（液を蒸発させる）　　[コラム] リトマス紙の使い方　薬品のあつかい方

③てこのきまり ……………………………………………………………………………………………… p60
　　[実験] 1 てこのしくみ　　[実験] 2 力点や作用点の位置を変えたときの手ごたえのちがい　　[実験] 3 てこが水平につり合う条件
　　[実験] 4 てこを利用した道具

④電気の利用 ………………………………………………………………………………………………… p64
　　[実験] 1 手回し発電機を使った発電　　[実験] 2 コンデンサーにためた電気の利用
　　[実験] 3 電熱線の発熱　　[コラム] 手回し発電機の使い方　電源装置の使い方

B．生命・地球

⑤吸う空気とはいた空気のちがい ………………………………………………………………………… p68
　　[実験] 1 ふくろの中のようすで調べる　　[実験] 2 石灰水で調べる　　[実験] 3 気体検知管で調べる
　　[コラム] 肺とそのはたらき　消化器とそのはたらき

⑥だ液による食べ物の変化 ………………………………………………………………………………… p72
　　[実験] 1 乳ばちと乳棒でご飯つぶをつぶす　　[実験] 2 チャックつきのふくろの中でご飯つぶをつぶす

⑦血液の流れるようす ……………………………………………………………………………………… p74
　　[観察] 1 血液の流れるようすを調べる　　[観察] 2 血液の流れるようすをメダカで調べる　　[コラム] 血液の流れとそのはたらき

⑧植物の養分と水の通り道 ………………………………………………………………………………… p76
　　[実験] 1 葉にできるでんぷんと日光との関係①（前日の準備）　　[実験] 2 葉にできるでんぷんと日光との関係②（当日）
　　[実験] 3 くきや葉の水の通り道　　[実験] 4 植物の体の中の水

⑨生物と環境 ………………………………………………………………………………………………… p80
　　[実験] 1 植物と空気との関係　　[コラム] 空気を通したかかわり合い

⑩土地のつくりと変化 ……………………………………………………………………………………… p82
　　[実験] 1 流れる水のはたらきによる地層のでき方　　[コラム] 実験装置の作り方

⑪月と太陽 …………………………………………………………………………………………………… p84
　　[観察] 1 太陽と月の位置と月の形　　[実験] 1 月の見え方の変化　　[コラム] 月の満ち欠け

第4章　ICTを活用した資料提示のコツ ……………………………………………………………… p88

　　1．授業でのICT活用は資料の拡大提示から
　　2．資料を拡大提示する際の3つのポイント
　　3．資料の拡大提示の考え方

第5章　「理科教材」の活用法 ………………………………………………………………………… p92

　　1．学習ノートを指導に活かす
　　2．ワークテストを指導に活かす

監修者、編著者、執筆協力者　紹介 ……………………………………………………………………… p96

第1章　5・6年生理科の指導のポイント

1．理科の学習で大切にしたいこと

（1）理科は楽しい

次の質問をします。

> チューリップには種ができますか？

「なぜこんな簡単な質問をするの？」と言いだす子どももいますが、手を挙げさせ、人数を板書します。そして、意見も板書していくと、教室の空気が一変します。

> できる　　○人　　植物は種で増える、おしべとめしべがあるから、…
> できない　○人　　チューリップは球根で増える、種でなく球根が売っている、…

最初は、「できる」という子どもが多いのですが、「球根」という言葉から考え直す子どもが出てきます。子どもたちはチューリップの球根を植えたことはあっても、種を植えたことはないのです。ただ、話し合いの中で「球根＝種」と言い出す子どもがいたら教師の方から、球根は種とは違い、根の一部であることを説明しておきます。

ここまでで授業を終わりにすると、家に帰って家族に聞いたり、図鑑で調べたりしだします。園芸店に聞きに行く子どもも出ます。もし、咲いているチューリップがあれば、どんどん観察させます。ポイントは次のことです。

> ①多くの気付きや疑問をもたせる
> ②どの子にも解決したいと思わせる
> ③気付きや疑問を集約し、観察・実験に向かわせる

調べると、「オランダでは良い球根を作るため、花が咲いたらすぐに花を切り取り、わざと種を作らせないようにしていること」を見つけてくる子どももいます。また、「色の違う花のおしべとめしべを交配し新種を作っており、種から育てると花を咲かすまで5年もかかってしまうこと」を見つけてくる子どももいます。

実際にチューリップのめしべを半分に切って観察すると、種のもと（胚珠）を観察できます。

この経験をしただけで、自然には不思議がいっぱいつまっていることや、予想して観察・実験することの面白さを実感します。理科の授業で、ワクワク・ドキドキしながら観察・実験すること、本当のことが分かることほど、子どもたちにとって楽しいことはありません。

だからこそ、観察・実験の重要性や指導のポイントなどをしっかり理解した上で、理科の授業を行ってほしいと思います。

（2）観察・実験の重要性

　学習指導要領の理科の目標には、「<u>自然に親しみ</u>、<u>見通しをもって</u>観察、実験などを行い、<u>問題解決の能力</u>と自然を愛する心情を育てるとともに、自然の事物・現象についての実感を伴った理解を図り、科学的な見方や考え方を養う。」と書かれており、理科の授業においては次の活動が求められています。（下線は著者）

> 「自然に親しみ」　→　自然に対する関心意欲を高めたり、問題意識をもたせたりする活動
> 「見通しを持って」　→　予想や仮説をもち、それに基づいて観察・実験を計画する活動
> 「問題解決の能力」　→　観察・実験結果をもとに、相互に話し合うことを通して結論として科学的な見方や考え方をもたせる活動

　このことから、理科では、「自然の事物・現象に親しむ中で問題を見いだし、予想や仮説を立て、観察・実験の計画や方法を考え、それをもとに観察・実験を行い、結果をもとに相互に話し合いながら考察する」という問題解決の学習を通して、科学的な見方や考え方をもたせることが大切だということが分かります。理科の授業にとって観察・実験を行うことは必要不可欠なのです。

　さらに、「観察・実験を行う」意義について、学習指導要領では次のように書かれています。

> 理科の観察・実験などの活動は、児童が自ら目的、問題意識をもって意図的に自然の事物・現象に働きかけていく活動である。そこでは、児童は自らの予想や仮説に基づいて、観察、実験などの計画や方法を工夫して考えることになる。観察、実験などの計画や方法は、予想や仮説を自然の事物・現象で検討するための手続き・手段であり、理科における重要な検討の形式として考えることができる。

　「観察・実験」は、問題意識をもって自然の事物・現象に働きかけ、検討するための手段として重要な活動であることが指摘されています。まさに、観察・実験は、子どもたちの探究心を高めるものであり、事実や結果をもとにきまりを実感し、理解を深めるための重要な活動なのです。そして、数多くの観察・実験を経験させることは、科学の方法（仮説の設定、予想、観察・実験、条件制御、測定、記録、数的処理、データの解釈・分類、推論、規則性の発見、モデルの形成など）を身に付けることができ、生きる力としての問題解決能力を高めることにつながるのです。

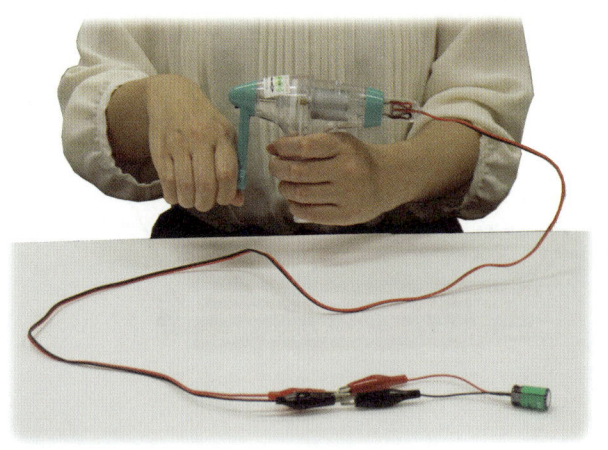

第1章　5・6年生理科の指導のポイント

2．高学年理科における観察観察・実験の概要

（1）5年理科の観察や実験

　5年生の理科の「A．物質・エネルギー」区分では、⑴物の溶け方、⑵振り子の運動、⑶電流の働きの3つの内容があります。それぞれの現象において、関わる条件に目を向けながら観察や実験を行い、科学的な見方や考え方を身に付けさせるようになっています。

　「B．地球・生命」区分では、⑴植物の発芽、成長、結実、⑵動物の誕生、⑶流水の働き、⑷天気の変化の4つの内容があります。条件、時間、水量、自然災害などに目を向けながら観察や実験を行い、生命の連続性、流水の働き、気象現象の規則性についての見方や考え方を身に付けさせるようになっています。

　5年生の観察・実験では、次の力を身に付けさせることが求められています。

| 条件を制御して観察・実験を行う力 |

　以下のように関わる条件を制御する観察や実験を行い、量や時間の変化や規則性などについて考えることができる能力を養います。

	観察・実験	制御するもの
A⑴	物が溶けるための条件	溶質の種類　溶質の量　水の量　水の温度
A⑵	振り子の往復時間を変える条件	振り子の長さ　おもりの重さ　振り子の振れ幅
A⑶	電磁石の力を変える条件	電流の強さ　コイルの巻き数　導線の長さ
B⑴	植物が発芽するための条件	水　　空気　　温度　　土
B⑴	植物が成長するための条件	日光　　肥料
B⑴	結実のために必要な条件	めしべに花粉が付く　めしべに花粉が付かない
B⑶	流れる水の働きの条件	水の量　　水の速さ

　＊B⑵動物の誕生、B⑷天気の変化については、制御する条件はありません。

　例えば、「植物の発芽」では、ただ単に発芽をさせるのではなく、「どのような条件がそろうと発芽するのか」を考えさせた上で、関わる条件のうち1つだけを変え、他の条件はそろえるという条件制御の実験を計画させます。そして、実験の結果から分かることを条件と関連させて考察できるようにさせます。

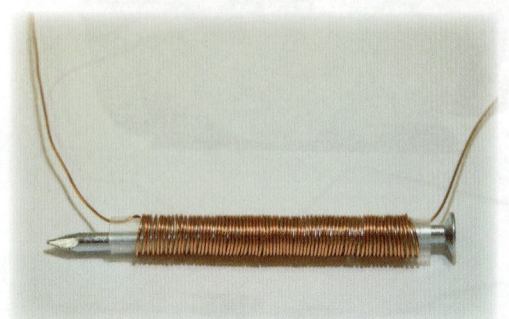

（2）6年理科の観察や実験

6年生の理科の「A．物質・エネルギー」区分では、(1)燃焼の仕組み、(2)水溶液の性質、(3)てこの規則性、(4)電気の利用の4つの内容があります。それぞれの現象についての<u>要因や規則性を推論しながら</u>観察や実験を行い、物の性質や規則性についての見方や考え方を身に付けさせるようになっています。

「B．地球・生命」区分では、(1)人の体のつくりと働き、(2)植物の養分と水の通り道、(3)生物と環境、(4)土地のつくりと変化の4つの内容があります。<u>それぞれの関係を推論しながら</u>観察や実験を行い、生命の構造と機能、生物と環境の関わり、土地のつくりやでき方についての見方や考え方を身に付けさせるようになっています。

6年生の観察・実験では、次の力を身に付けさせることが求められています。

推論しながら観察・実験を行う力

以下のように目に見えなくて確かめるのが困難な<u>自然の事物・現象や関係を推論しながら</u>観察・実験することができる能力を養います。

	観察・実験	推論させること
A(1)	物の燃焼実験	燃焼に伴う空気の質的な変化、燃焼の仕組み
A(2)	水溶液の観察、金属変化の実験	水溶液の性質
A(3)	力点、作用点の位置やおもりの重さを変えた実験	てこの規則性
A(4)	発電・蓄電・発熱などの実験	電気の性質や働き
B(1)	呼吸や消化などの実験	人の体のつくりと働き
B(2)	葉のでんぷんを調べる実験	葉の働き
B(3)	地層の構成物を観察	地層の成り立ち
B(4)	月の観察や模型実験	月と太陽の位置関係による見え方

例えば「てこ」では、今までの体験や既習内容を思い出したり、棒を使って物を持ち上げる体験をしたりして、支点からの距離によって力の大きさが異なってくることに気づかせます。また、実験用てこを使って支点からの距離とつり合うおもりの大きさを調べる実験を通して、てこの規則性を推論させます。

第1章　5・6年生理科の指導のポイント

3．観察・実験で養われる力

（1）子どもは観察や実験が大好き。先生は？

　理科といえば観察・実験がすぐ思い浮かびます。平成27年度全国学力学習状況調査の結果では、「観察や実験を行うことが好きですか」という質問に対して、「当てはまる」「どちらかといえば当てはまる」と答えた子どもの割合はなんと90％を超えていました。理科が好きな子どもの割合が高いのは、この「観察・実験」があるからではないでしょうか。

　一方で、先生の立場に立つとどうでしょう。「平成22年度小学校理科教育実態調査」（平成23年8月JST理科教育支援センター）によると、「理科が大好き・好き」と答えた先生は87％。先生も理科が大好きなようです。でも、指導となると話が違ってきます。理科の指導を苦手と感じている先生の割合は40％以上、その上、観察・実験の指導となると苦手と感じる先生の割合は57％と増えてしまいます。

　その理由は何でしょうか。観察・実験は準備や後片付けが大変で時間がかかり授業が進まない、観察や実験をきちんとしたつもりでも、テストになると正答できないなどという先生の声も多く聞きます。

（2）観察・実験の重要性

　観察・実験が理科の指導でとても大切なのはだれもが分かっていることです。理科の学習では、問題解決学習を中心に進められます。子どもたちが問題を見いだし、その問題解決の過程を通して「事象を比較したり（3年）」「関係付けたり（4年）」「条件に着目したり（5年）」「推論したり（6年）」して追究していきます。そして、科学的な見方や考え方が深まるように観察・実験の結果を表やグラフに整理し、予想や仮説と関連づけながら表現することが大切とされています。

　観察・実験はこの問題解決学習の中核に位置しています。観察・実験とは、自然に対して、子どもたちが意図的に、目的をもって働きかけ、問題の解決につなげる活動なのです。

　子どもたちは自然の事象にであって、「どうしてだろう、不思議だな、なぜだろう」といった問題を見出します。そして、それらを解決するために、今までの生活経験や学習したことを元に「見通し」をもちます。

　それを解決していく活動が観察・実験なのです。見通しをもって行った観察・実験が自分の予想や仮説通りだったら自分の考えを確認したことになります。一方で、違っていた場合にはもう一度予想や仮説を振り返ったり実験方法を見直したりすることにつながります。この繰り返しによって、科学的な見方や考え方が養われていきます。

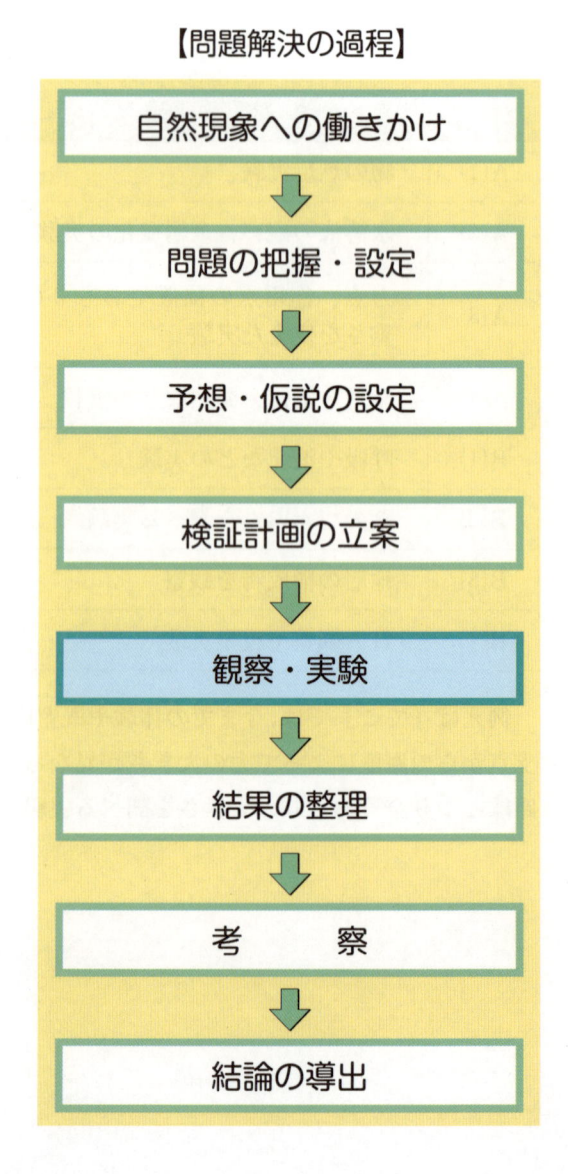

【問題解決の過程】

- 自然現象への働きかけ
- ↓
- 問題の把握・設定
- ↓
- 予想・仮説の設定
- ↓
- 検証計画の立案
- ↓
- 観察・実験
- ↓
- 結果の整理
- ↓
- 考　　察
- ↓
- 結論の導出

4．観察・実験をさせるときのポイント

（1）見通しをもたせる

　観察・実験を行う際は、どんな問題を解決するために行っている実験なのか、何を調べるための観察なのかといった目的意識をはっきりもたせることが一番重要です。難しく感じがちですが、一番確実なのは教科書の通りに進めていくことです。教科書では、問題解決学習の過程に沿って活動が配列されており、教科書通り丁寧に進めていけば、児童が観察・実験を見通しをもって進めることができるように工夫されています。例えば、単元のはじめでは子どもたちが課題をもつような事象が提示されています。そして、そこから気付いたことから子どもたちがもつと予想される問題意識は、イラストの人物の吹き出しなどで例示されています。実験の計画や記録の仕方なども、実際の観察・実験の前に教科書で確認しておくとよいでしょう。

（2）安全に行う

　観察・実験の中には、やり方によっては危険が伴うものがたくさんあります。草むらや川での観察、ガラス器具や薬品等の扱い、加熱器具を使う時などです。まずは、考えられる様々な事故を想定して、それが回避できるような手立てを立てておくことが最も大切です。

　また、実験中の注意や器具や薬品などの扱い方などを徹底して子どもたちに教え込むことも忘れてはいけません。実験をするときには机にいすを入れる、必要なもの以外は机の上に置かない、部屋を移動するときには走らないなどの基本的なことは、年度当初に徹底して指導します。特に器具や薬品の安全な扱い方については、その理由にも触れながら繰り返し指導します。

（3）観察・実験の技能を身につけさせる

　観察・実験に使う道具の扱い方は繰り返し指導し、しっかり身につけさせることが大切です。例えば顕微鏡を例にとると、運び方や部分の名前、使い方や試料の作り方など押さえるべき技能はたくさんあります。どの子どもにもきちんと技能が身につくように顕微鏡の台数をそろえ、操作する時間を十分に確保するよう、配慮しましょう。器具や道具は学年が上がっても繰り返し使うことがあるので、そのたびに使い方の復習をして、技能をしっかり定着させます。

（4）正確に記録させる

　観察・実験の結果を基に考察し、問題解決をしていくときに記録が頼りになります。スケッチして記録させる場合には、何に着目して記録するのか見通しをもたせる必要があります。例えば、鉢に植えた植物の観察をさせるときに、鉢ごとかかせているというようなことはないでしょうか。何のために記録するのか考えさせましょう。また、データを記録する場合、どのように記録したらよいか考えさせるのも時には必要ですが、いつもその時間があるわけではありません。表などがあらかじめ印刷されたワークシートを用意する方法もありますが、市販の理科ノートを使うのも確実なよい方法です。

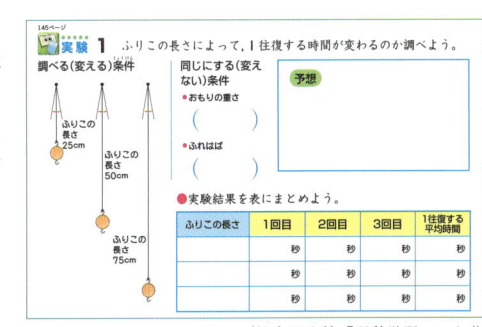

（教育同人社「理科学習ノート」）

第1章　5・6年生理科の指導のポイント

5．効率よく効果的に観察・実験を行うには

（1）何よりも大切な予備実験

　授業前にあらかじめ試しの実験を行っておくことを予備実験といいます。特に、薬品を使う実験や加熱実験を行わせる前には、必ず予備実験を行っておきましょう。予備実験を行っておくと安全面でのチェックはもちろん、実験のコツなどをつかむことができます。また、実験で使う器具の数や状態も確認できます。いざ授業のときに器具が不足して実験ができなかった、などの不都合が未然に防げます。

　また、屋外に観察に出かける際は、めあてにあった観察ができるかどうか、危険な場所はないかなどチェックするために事前調査が必要です。学校内や周辺といっても安心はできません。野外に出ると、子どもたちは開放的な気持ちになって指示が通りにくくなります。季節によってはハチや毛虫などにも注意が必要です。

（2）道具の場所を知る

　観察・実験には様々な道具が必要です。例えば、6年生でものが燃えた後の空気を調べる実験では、ろうそく、マッチ、燃え差し入れ、集気びん、集気びんのふた、石灰水、二酸化炭素ボンベ、気体採取器、酸素用検知管、二酸化炭素用検知管、保護めがねなど、何種類もの道具を用意する必要があります。これらを理科室の棚から探し出してくるだけでも一苦労ですね。まずはどこに何があるのか、理科室の棚や引き出しを一通りみてみましょう。次には、子どもたちと一緒に同じことをします。学年のはじめに1時間、理科室探検の時間を設定するのです。教師の提示した何種類かの器具や道具と同じものを、棚や引き出しから探して見つけてくるゲームをグループ対抗でしてみましょう。棚や引き出しをいろいろ眺めて探しているうちに、どこに何があるか子どもたちも覚えてきます。器具の名前も一緒に覚えられ、一石二鳥です。

　ところで、あなたの学校は、理科室が整理整頓されているでしょうか。表示がしっかりされていれば、道具を探すのにも時間がかかりません。専科の先生がいない学校の理科室は、もしかしたら整理が行き届いていないかもしれません。夏休みなどに職員作業の時間をとって、みんなで一緒に整理整頓しましょう。実験準備の時間が短くすむようになること間違いなしです。

（3）子どもに準備と片付けをさせる

　実験をするときには、準備も後片付けもできるだけ子どもたちにさせます。理科室探検で道具の場所が分かっている子どもたちならスムーズに活動できるでしょう。必要な道具を調べ、用意してセットするのは実験を進める上で大切な技能です。ただ、用意をしている時間のとれないときもあるでしょう。そのようなときにはグループごとにかごを用意し、そこに道具をセットしておいて、それぞれ取りに来させるという方法もあります。授業の最後に同じように片付けさせれば、次に隣のクラスの先生が授業をするときにもそのまま使えばいいので喜ばれます。理科の授業割を組むときに、同じ学年の授業を続けるように計画するとこの方法が使えます。

　はじめのクラスが準備、最後のクラスが片付けと分担をすれば効率的に進められます。

（4）やり方をしっかりつかませる

　観察や実験を行わせる時には、まずやり方を子どもたちに説明します。これがうまくいかないと、実際の作業に入ってから「先生、この後どうするんですか？」「先生、これでいいんですか？」など子どもたちから質問の嵐となり、慌てて説明をし直すことになりかねません。すでに活動に入っていると、なかなか指示は通りませんし、手を止めさせて再度説明をするという事態になると、時間も無駄になります。

　そんなことにならないために、はじめの「説明」は大事です。実物投影機を使って作業をしている手元を大きく映して見せたり、掲示物を使って子どもたちがいつでも確認できるようにしたりしておきましょう。

　また、実験時には教科書をしまっておくことがほとんどなので、子どもたちが手順を確認しにくいものです。教科書を拡大して映したり、手順の示されたデジタルコンテンツなどをプロジェクタで投影したりしておくのもよい方法です。

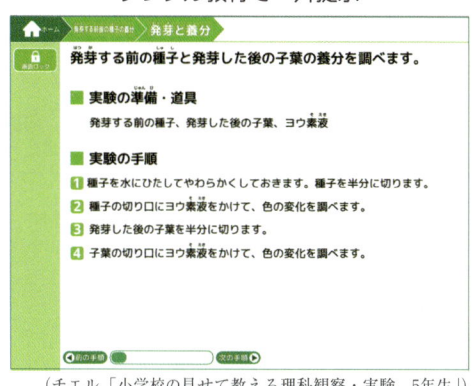

（チエル「小学校の見せて教える理科観察・実験　5年生」）

（5）器具の使い方の練習をさせる

　メスシリンダーで水をはかりとる方法、目盛りを読む方法などは、実験の時初めて扱わせるのではなく、事前に練習が必要です。同じように、顕微鏡を使わせる時も、はじめに定規の目盛りを読ませたりするなどして操作に慣れさせます。虫めがねもいきなり屋外で配らないで室内で練習させます。星座早見も同じことです。マッチの付け方、アルコールランプやガスバーナーの使い方、上皿天秤の使い方なども時間をとって練習させる必要があります。

　一見無駄な時間のようですが、実際の実験で手際よく扱うために必要な時間です。

（6）年間を見通して準備をする

　観察・実験の材料の中には、すぐに手に入らないものもあります。特に5年生ではメダカの卵、同じくらいに育ったインゲンマメ、ヘチマやアサガオの花などです。6年生ではジャガイモを栽培しておくこと（前の年の春に植えるとよい）や、水の通り道を色水を吸わせて観察するために使う、白色の花の咲くホウセンカを栽培しておくことなどがこれにあたります。理科を担当することになったら、特に生き物を扱う単元の準備に注意しましょう。もっとも、今はインターネットでの販売等でメダカの卵からプランクトンまで売っているサイトもあるようなので、どうしても用意ができなかった場合には、最後の手段として調べてみてください。

（7）結果や考えをきちんとノートに記録させる

　せっかく観察・実験をしても、その結果を考察に結びつけなければ意味がありません。問題から予想、結果からの考察などきちんとノートに記録されているでしょうか。授業後の振り返りにもノートの記録は大切です。うまく指導する自信がない時におすすめなのが「理科ノート教材」です。予想→実験→結果→結果からわかったこと→まとめ　と思考の流れの順に欄が用意されています。写真や図版などもあり、教科書の補助的な役目もしてくれます。

（教育同人社「理科学習ノート」）

第2章　理科重要観察・実験の指導法 60選

　第2章・第3章では、理科の達人たちが推薦した60の観察・実験について、「これだけはおさえてほしい」ポイントを1つ1つの項目についてコンパクトにご紹介しています。

　ここで選ばれた観察・実験は、チエル株式会社発行の提示型デジタル教材「小学校の見せて教える理科観察・実験5年生」「同6年生」※にも収録されています。このデジタル教材を活用することにより、教室の大型テレビやプロジェクタ、電子黒板等で観察・実験の準備や手順、記録のしかたなどを提示しながら、児童に観察・実験のポイントを指導することができます。デジタル教材によって部分提示して発問することで、どの部分に注目すればよいのかが児童にわかりやすくなり、観察・実験のねらいや意図についての理解が深まります。

資料の見方

▶**単元名**

▶**学習系統表**
小学校から中学校までの学習内容の系統の流れがわかります。

▶**学習のねらい**
学習指導要領のねらいがわかり、評価に役立ちます。

▶**観察・実験の準備・手順・結果・わかったこと**
観察・実験の準備から手順、結果・まとめまでの概要と流れが分かります。

※提示型デジタル教材「小学校の見せて教える理科 観察・実験」とは

小学校の理科の観察・実験の場面で活用できる一斉提示型デジタル教材です。実験における準備段階の注意事項や測定値を書き込み、結果を分析・比較できるので、実験前、途中、実験後まで使え、観察・実験の時間を十分に取ることができます。

▶観察・実験の内容
この観察・実験でおさえるべき内容がわかります。

▶観察・実験のポイント
この観察・実験で、ここだけはおさえてほしい、児童に伝えるといい、というポイントが分かります。

▶コラム
観察・実験に重要な道具の使い方や、観察・実験に役立つ成功のコツや知識をまとめています。

観察・実験の手順を大きく拡大
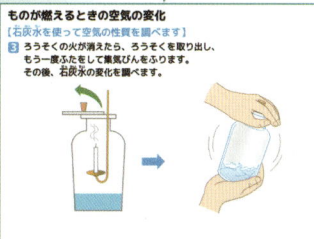

実験器具の名称・使い方・注意点
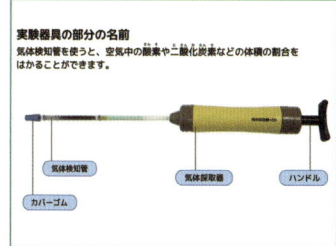

結果をまとめて考察につなげる
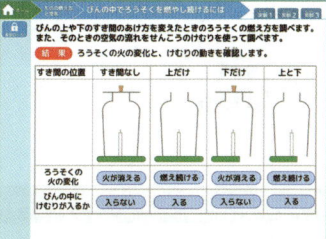

単元別メニュー

発行：チエル株式会社　http://www.chieru.co.jp/

第2章 理科重要観察・実験の指導法 5年生

1 物の溶け方
もののとけ方

実験

単元の概要

系統別領域　　　　　　　　　　　　　　　　　　　　　　　　　　　A．物質・エネルギー

第3学年	第4学年	第5学年	第6学年	中　学
(1)物と重さ ア　形と重さ イ　体積と重さ		(1)物の溶け方 ア　物が水に溶ける量の限度 イ　物が水に溶ける量の変化 ウ　重さの保存	(2)水溶液の性質 ア　酸性、アルカリ性、中性 イ　気体が溶けている水溶液 ウ　金属を変化させる水溶液	イ　水溶液 (ア)　物質の溶解 (イ)　溶解度と再結晶

学習のねらい

（1）物の溶け方
　物を水に溶かし、水の温度や量による溶け方の違いを調べ、物の溶け方の規則性についての考えをもつことができるようにする。
ア　物が水に溶ける量には限度があること。
イ　物が水に溶ける量は水の温度や量、溶ける物によって違うこと。また、この性質を利用して、溶けている物を取り出すことができること。
ウ　物が水に溶けても、水と物とを合わせた重さは変わらないこと。

（学習指導要領より）

道具の使い方

電子てんびんの使い方

①電子てんびんを水平なところに置きます。
②スイッチを入れて、表示が「0」になっていることを確認します。「0」でないときは、0キーをおして「0」にします。
③はかりたいものを静かに皿の上にのせます。
④表示されている数字が安定したら、数字を読みとります。

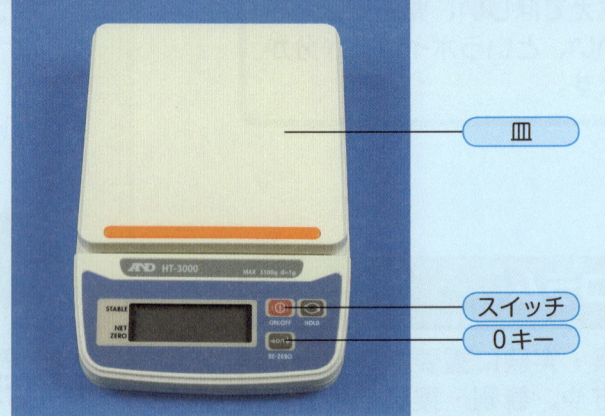

皿
スイッチ
0キー

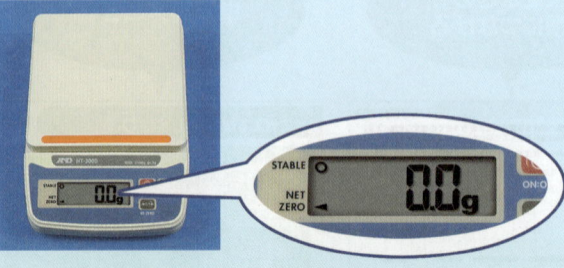

ポイント

▶決められた重さより重い物を皿に乗せないようにします。
▶紙をしいたり容器に入れたりして重さを量るときは、紙や容器を皿に乗せてから0キーを押して表示を「0」にします。それから、量る物を紙の上に乗せたり容器に入れたりして、表示された数字を読み取ります。このようにすれば、量りたい物の重さだけを量ることができます。

実験 1 ものを水にとかす前ととかした後の全体の重さ

❖ ものを水にとかす前ととかした後の全体の重さを調べます。

実験の準備・道具
・電子てんびん　・ふたつきの容器　・水　・食塩　・薬包紙

実験の手順
①食塩を水にとかす前に、全体の重さをはかります。

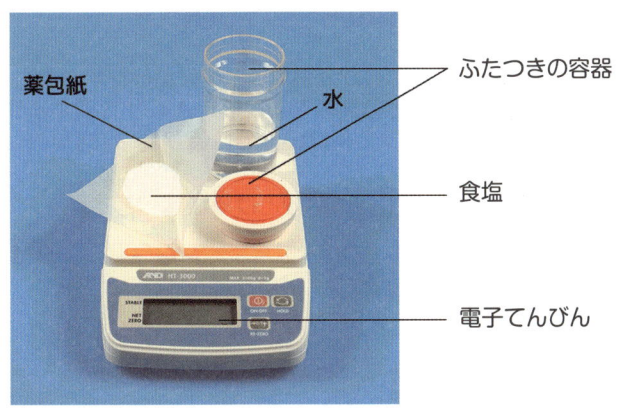

②食塩を容器に入れ、水がこぼれないようにふたをしてよくふり、食塩を全部とかします。

③食塩を水にとかした後の全体の重さをはかります。

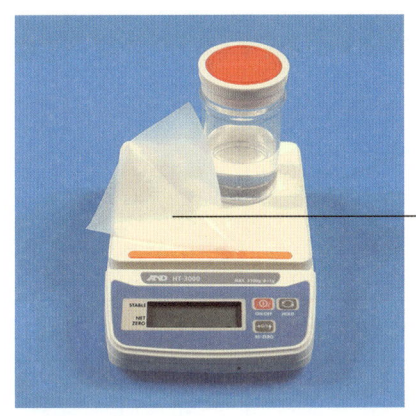

薬包紙もいっしょにはかる。

④食塩を水にとかす前ととかした後の、全体の重さをくらべます。

実験の結果　（板書例）

全体の重さ	g
とかした後の重さ	g

◆わかったこと
食塩を水にとかすと、食塩は見えなくなっても全体の重さは変わらない。

この実験のポイント
▶容器を振るときに水がこぼれてしまうと重さが変わってしまうので、容器を振るときはふたをしっかり閉めて水がこぼれないように気をつけさせます。
▶食塩を水に溶かす前と溶かした後で、全体の重さを比べるので、食塩を溶かして空になった薬包紙も電子てんびんに乗せておくことを確認します。

第2章 理科重要観察・実験の指導法 5年生

実験2 決まった量の水にとける食塩やミョウバンなどの量

❖ 決まった量の水にとける食塩やミョウバンの量に限りがあるかどうかを調べます。

実験の準備・道具

・食塩 ・ミョウバン ・水 ・ビーカー ・ガラスぼう ・計量スプーン ・スポイト
・メスシリンダー など

実験の手順

①メスシリンダーで水を50mLはかり取り、ビーカーに入れます。
②計量スプーンですり切り1ぱい分の食塩を水に入れ、よくかき混ぜます。
③食塩がとけたら、再び計量スプーンですり切り1ぱい分の食塩を加えて、よくかき混ぜます。
④②、③をくり返して、50mLの水に食塩が計量スプーンで何ばい分とけるか調べます。
⑤とけ残りが出たら、食塩を加えるのをやめます。
⑥同じように、50mLの水にミョウバンが計量スプーンで何ばい分とけるか調べます。

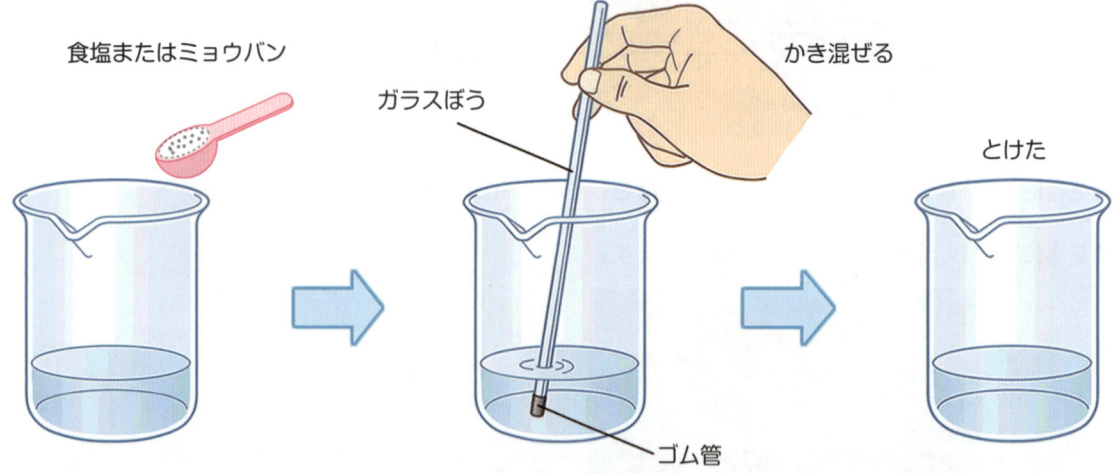

実験の結果　（板書例）

加えた食塩の量	1はい	2はい	3はい	4はい	5はい	6はい	7はい
すべてとけたか							

加えたミョウバンの量	1はい	2はい	3はい	4はい	5はい	6はい	7はい
すべてとけたか							

◆わかったこと

・決まった量の水にとける食塩（ミョウバン）の量には、限りがある。
・食塩とミョウバンでは、決まった量の水にとける量がちがう。

この実験のポイント ▶▶▶▶▶▶▶▶▶▶▶▶▶▶▶▶▶▶▶▶▶▶

▶「すり切り1杯」の計り方は、児童にとって難しいので、やり方を丁寧に指導します。（21ページ参照）
▶かき混ぜるとき、ガラス棒をビーカーの底や壁にぶつけてビーカーを割ってしまわないように、ガラス棒の先にゴム管をつけておくようにします。
▶溶け残りを溶かそうとして勢いよくかき混ぜてしまうと、液がこぼれたりビーカーを倒したりして危険です。
▶メスシリンダーの使い方は21ページにあります。

実験3 水の量を変えたときの食塩やミョウバンなどのとけ方

❖ 水の量を変えると、水にとける食塩やミョウバンの量はどうなるかを調べます。

実験の準備・道具
・食塩　・ミョウバン　・水　・ビーカー　・ガラスぼう　・計量スプーン　・スポイト
・メスシリンダー　など

実験の手順
① メスシリンダーで水を50mLと100mLはかりとり、それぞれビーカーに入れます。
② 食塩やミョウバンを、計量スプーンですり切り1ぱいずつそれぞれのビーカーに加えてよくかきまぜます。
③ 食塩やミョウバンがとけたら、再び計量スプーンですり切り1ぱい分を加えて、よくかき混ぜます。
④ それぞれの量の水に、食塩やミョウバンが何ばいまでとけるかを調べます。

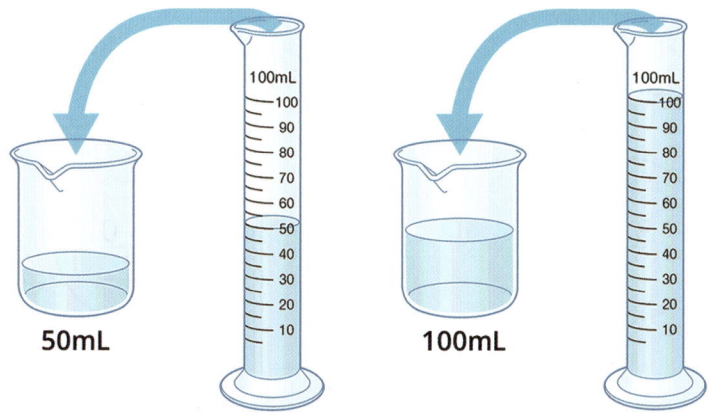

実験の結果　（板書例）

水の量	食　塩	ミョウバン
50mL	はい	はい
100mL	はい	はい

◆わかったこと
水の量を増やすと、ものが水にとける量は増える。

この実験のポイント ▶▶▶▶▶▶▶▶▶▶▶▶▶▶▶▶▶▶▶▶▶
▶実験2（18ページ）で使用した50mLに溶ける食塩やミョウバンの量のデータや水溶液を生かすと、食塩やミョウバンの節約になります。時間も短縮することができます。

第2章 理科重要観察・実験の指導法 5年生

実験4 水の温度を変えたときの食塩やミョウバンなどのとけ方

❖ 水の温度を変えると、水にとける食塩やミョウバンの量はどうなるかを調べます。

実験の準備・道具

・食塩 ・ミョウバン ・水 ・ビーカー ・温度計 ・湯を入れる容器
・ガラスぼう ・計量スプーン ・スポイト ・メスシリンダー　など

実験の手順

【水の温度を上げる場合】
①メスシリンダーで、水を50mLはかりとってビーカーに入れ、とけ残りが出るまで食塩やミョウバンを加えます。
②このときの水の温度を温度計ではかります。
③湯を入れた容器にビーカーを入れ、液の温度を温度計ではかります。液の温度が30℃になったら、容器からビーカーを取り出し、よくかき混ぜます。全てとけきったら、計量スプーンですり切り1ぱいずつ加えて、とけ残りが出るまでとかし続けます。
④とけ残りが出たら、再びビーカーを湯につけ、液の温度が60℃になるまで温めます。容器からビーカーを取り出し、よくかき混ぜます。全てとけきったら、計量スプーンで1ぱいずつ加えて、とけ残りが出るまでとかし続けます。

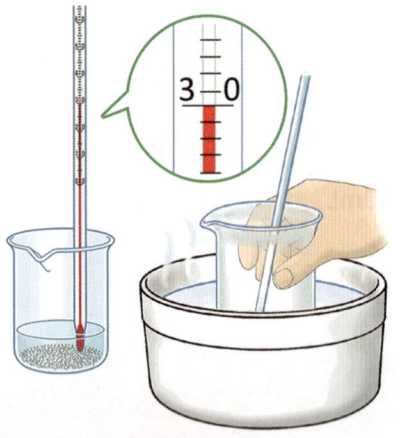 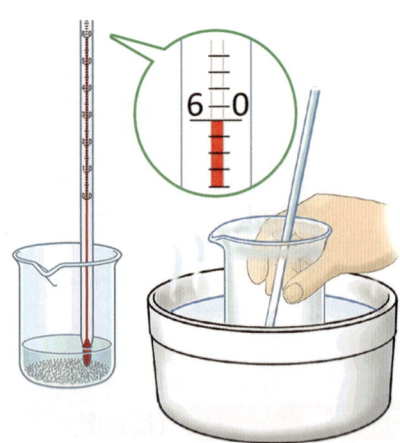

実験の結果 （板書例）

水の温度	食塩	ミョウバン
はじめの温度 ℃	はい	はい
30℃	はい	はい
60℃	はい	はい

◆わかったこと
・水の温度を上げても、決まった量の水にとける食塩の量はほとんど変わらない。
・水の温度を上げると、決まった量の水にとけるミョウバンの量はふえる。

この実験のポイント

▶ガラス棒の代わりに温度計で水をかき混ぜないように、事前に児童に注意しておきます。
▶気温が低い時期は湯が冷めやすく、溶かし切るまで湯の温度を保つのが難しいです。厚い発泡スチロールの箱に湯を入れるなど、温度を保つための工夫が必要です。

道具の使い方

メスシリンダーの使い方

【水50mLをはかりとるとき】
①メスシリンダーを水平なところに置きます。
②「50」の目もりの少し下のところまで、水を入れます。
③真横から見ながら、「50」の目もりまで、スポイトで水を少しずつ入れます。
④目もりは、液面のへこんだ下の面を、真横から見て読みます。

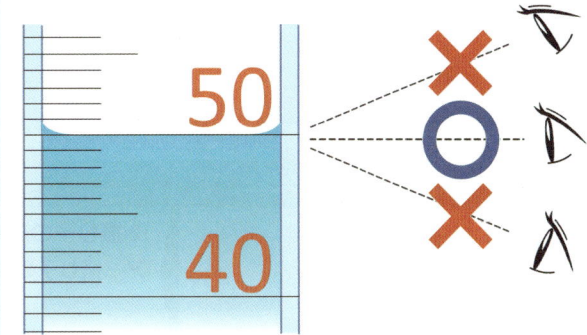

使い終わったメスシリンダーを片付けます

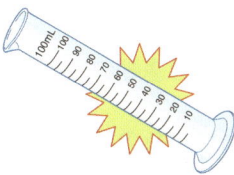

- メスシリンダーは、使い終わったあと横にしてバットの中に入れておきます。
- メスシリンダーを立てたままにしておくと、たおしてしまい、けがをすることがあります。

ポイント

▶ メスシリンダーを使うと、液体の体積を正確に測ることができます。100mL用、200mL用など、いろいろなメスシリンダーがあるので、測り取る体積に合ったメスシリンダーを用いると、誤差をより減らすことができます。
▶ メスシリンダーを使う前に、1目盛りが何mLかを確認しておくようにします。通常、100mL用メスシリンダーの1目盛りは1mLです。

道具の使い方

「すり切り1ぱい」のはかりとり方

①計量スプーンで山もりにすくう。

②わりばしなどを使って、山が平らになるようにすり切る。

ポイント

▶ すり切りのやり方は、事前に練習をさせます。家庭科での学習を思い出させるとよいでしょう。
▶ 「すり切り1杯」にする理由を考えさせます。スプーン1杯の量がその都度違うと、正確な結果が得られません。

第2章 理科重要観察・実験の指導法 5年生

振り子の運動
ふりこの運動

単元の概要

系統別領域　　　　　　　　　　　　　　　　　　　　　　　　A. 物質・エネルギー

第3学年	第4学年	第5学年	第6学年	中 学
(2)風やゴムの働き ア　風の働き イ　ゴムの働き		(2)振り子の運動 ア　振り子の運動	(3)てこの規則性 ア　てこのつり合いと重さ イ　てこのつり合いの規則性 ウ　てこの利用	力と圧力 (ア)　力の働き (イ)　圧力

学習のねらい

（2）振り子の運動
　おもりを使い、おもりの重さや糸の長さなどを変えて振り子の動く様子を調べ、振り子の運動の規則性についての考えをもつことができるようにする。
ア　糸につるしたおもりが1往復する時間は、おもりの重さなどによっては変わらないが、糸の長さによって変わること。

（学習指導要領より）

成功のコツ

ふりこが1往復する時間の求め方

① おもりがふれて、もう一度同じ位置にもどってくるまでを1往復とします。
② 1往復する時間を正しくはかることが難しいので、ふりこが10往復する時間をはかります。
③ ②を3回くり返し、3回の時間の合計を3でわって、10往復する時間の平均を求めます。
④ ③の時間を10でわり、ふりこが1往復する時間を求めます。

（例）ふりこの長さ40cm、ふれはば40°、おもりの重さ10gのとき

1回目	2回目	3回目	合計	10往復する時間の平均	1往復する時間
13.1秒	12.9秒	12.7秒	38.7秒	12.9秒	1.29秒

10往復の時間の合計	÷	測定した回数（3回）	=	10往復する時間の平均
(13.1+12.9+12.7)	÷	3	=	12.9秒

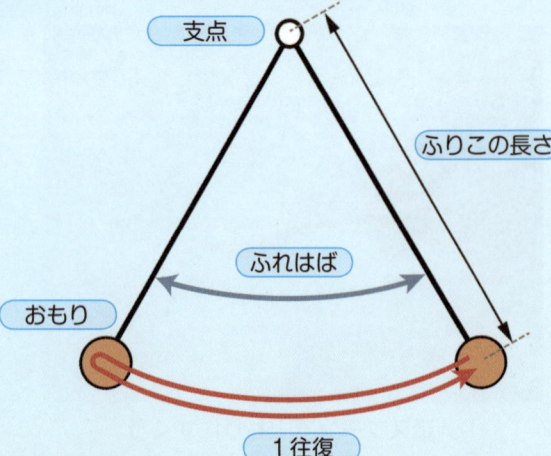

ポイント
▶実験をする前に、振り子が1往復する時間の平均を求める意味を、児童に理解させます。
▶ストップウォッチで時間を計る場合は、振り子の動きに合わせて一緒にストップウォッチを振ると、計りやすくなります。
▶振り子を振るときは、振れ幅の角度に糸を合わせておもりを手からはなすだけで、振り子に勢いをつけず、糸がたるまないように気をつけます。

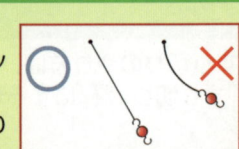

22

実験1 おもりの重さを変えたときの、ふりこが1往復する時間

❖ おもりの重さを変えて、ふりこが1往復する時間を調べます。
実験するときに同じにする条件、変える条件をたしかめます。

実験の準備・道具

・スタンド ・わりばし ・糸 ・おもり（実験用てこの分銅10g×3個）・厚紙 ・分度器
・セロハンテープ ・ストップウォッチ など

実験の手順

① ふりこの長さを50cm、ふれはばを60°、おもりの重さを10gにして、ふりこが1往復する時間を求めます。
② おもりの重さを20g（10gのおもり×2個）にして、①と同じように、ふりこが1往復する時間を求めます。
③ おもりの重さを30g（10gのおもり×3個）にして、①②と同じように、ふりこが1往復する時間を求めます。

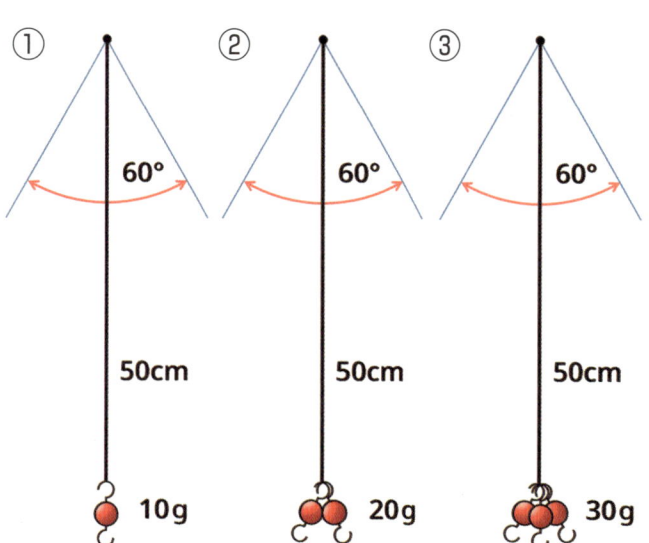

おもりの重さ	ふりこの長さ	ふれはば
10g		
20g	50cm	60°
30g		

変える条件 / 同じにする条件

実験の結果 （板書例）

おもりの重さ	1回目	2回目	3回目	合計	10往復する時間の平均	1往復する時間
10g	秒	秒	秒	秒	秒	秒
20g	秒	秒	秒	秒	秒	秒
30g	秒	秒	秒	秒	秒	秒

◆ わかったこと

おもりの重さを変えても、ふりこが1往復する時間は変わらない。

この実験のポイント

▶ 振り子が10往復する時間の計り方を事前に練習させます。（22ページ参照）
▶ おもりを複数個つけるときに、すべてのおもりを1か所に下げるわけを児童にしっかり考えさせます。おもりを縦につなげると、振り子の長さが長くなってしまいます。
▶ 3回10往復する時間を計って、大きく他の回と数値が違う場合は、もう一度計り直すようにします。

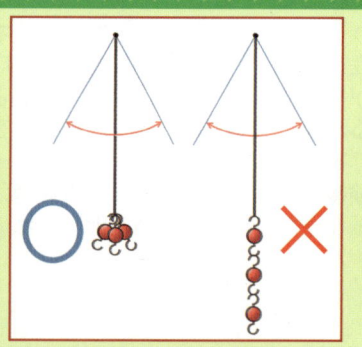

第2章 理科重要観察・実験の指導法 5年生

実験2 ふりこの長さを変えたときの、ふりこが1往復する時間

❖ ふりこの長さを変えて、ふりこが1往復する時間を調べます。
　実験するときに同じにする条件、変える条件をたしかめます。

実験の準備・道具

・スタンド　・わりばし　・糸　・おもり（実験用てこの分銅10g×1個）　・厚紙　・分度器
・セロハンテープ　・ストップウォッチ　など

実験の手順

①ふりこの長さを30cm、ふれはばを60°、おもりの重さを10gにして、ふりこが1往復する時間を求めます。
②ふりこの長さを50cmにして、①と同じように、ふりこが1往復する時間を求めます。
③ふりこの長さを70cmにして、①②と同じように、ふりこが1往復する時間を求めます。

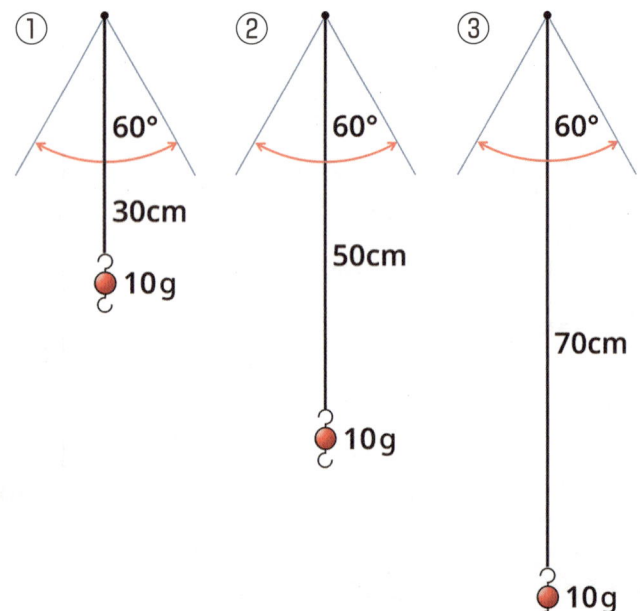

ふりこの長さ	おもりの重さ	ふれはば
30cm		
50cm	10g	60°
70cm		

変える条件　　同じにする条件

実験の結果　（板書例）

ふりこの長さ	1回目	2回目	3回目	合計	10往復する時間の平均	1往復する時間
30cm	秒	秒	秒	秒	秒	秒
50cm	秒	秒	秒	秒	秒	秒
70cm	秒	秒	秒	秒	秒	秒

◆わかったこと

・ふりこの長さを変えると、ふりこが1往復する時間は変わる。
・ふりこの長さが長いほど、1往復する時間が長くなる。

この実験のポイント

▶ 振り子の長さは、支点からおもりの中心までの長さであることを確認させます。糸の長さではありません。
▶ 糸が長くなると、糸がスタンドに絡みやすくなります。1往復する時間を計る前に、何度か振り子を振る練習をしておくとよいです。
▶ 実験後、メトロノームのしくみを考えさせると、振り子の長さと振り子が1往復する時間との関係についての理解が深まります。

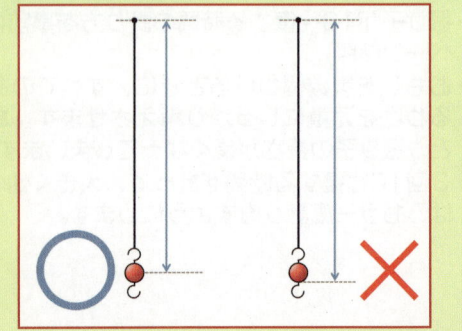

実験 3 ふれはばを変えたときの、ふりこが1往復する時間

❖ ふりこのふれはばを変えて、ふりこが1往復する時間を調べます。
実験するときに同じにする条件、変える条件をたしかめます。

実験の準備・道具
・スタンド　・わりばし　・糸　・おもり（実験用てこの分銅10g×1個）　・厚紙　・分度器
・セロハンテープ　・ストップウォッチ　など

実験の手順

①ふりこの長さを50cm、ふれはばを30°、おもりの重さを10gにして、ふりこが1往復する時間を求めます。
②ふれはばを40°にして、①と同じように、ふりこが1往復する時間を求めます。
③ふれはばを60°にして、①②と同じように、ふりこが1往復する時間を求めます。

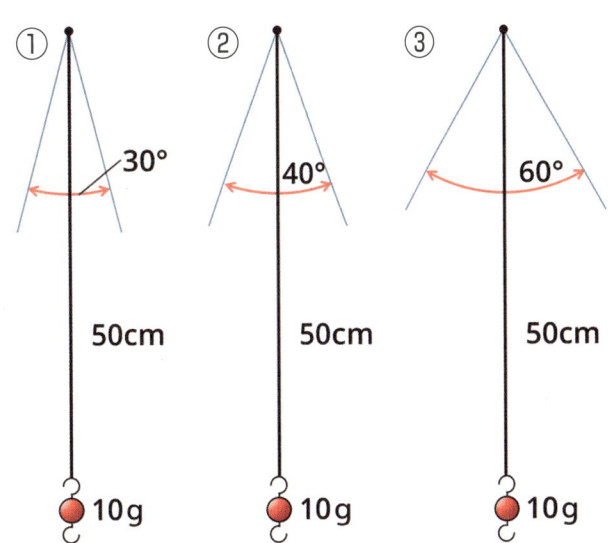

ふれはば	ふりこの長さ	おもりの重さ
30°		
40°	50cm	10g
60°		
変える条件	同じにする条件	

実験の結果　（板書例）

ふれはば	1回目	2回目	3回目	合計	10往復する時間の平均	1往復する時間
30°	秒	秒	秒	秒	秒	秒
40°	秒	秒	秒	秒	秒	秒
60°	秒	秒	秒	秒	秒	秒

◆わかったこと
ふれはばを変えても、ふりこが1往復する時間は変わらない。

この実験のポイント

▶ 振り子を正面から見て、厚紙の振れ幅の角度と、糸が重なるようにします。
▶ 振れ幅は、長さではなく、角度で表すことを確認しておきます。
▶ 振れ幅は、60°以上にはしないようにします。

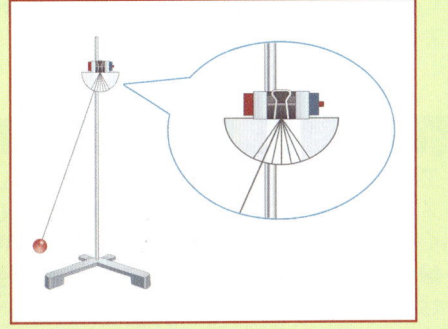

第2章 理科重要観察・実験の指導法 5年生

3 電流の働き
電流のはたらき

実験

単元の概要

系統別領域　A. 物質・エネルギー

第3学年	第4学年	第5学年	第6学年	中　学
(5)電気の通り道 ア　電気を通すつなぎ方 イ　電気を通す物	(3)電気の働き ア　乾電池の数とつなぎ方 イ　光電池の働き	(3)電流の働き ア　鉄心の磁化、極の変化 イ　電磁石の強さ	(4)電気の利用 ア　発電・蓄電 イ　電気の変換 ウ　電気による発熱 エ　電気の利用	ア　電流 ㋐　回路と電流・電圧 ㋑　電流・電圧と抵抗 ㋒　電気とそのエネルギー ㋓　静電気と電流

学習のねらい

（3）電流の働き
　電磁石の導線に電流を流し、電磁石の強さの変化を調べ、電流の働きについての考えをもつことができるようにする。
ア　電流の流れているコイルは、鉄心を磁化する働きがあり、電流の向きが変わると、電磁石の極が変わること。
イ　電磁石の強さは、電流の強さや導線の巻数によって変わること。

（学習指導要領より）

道具の使い方

電磁石の作り方

 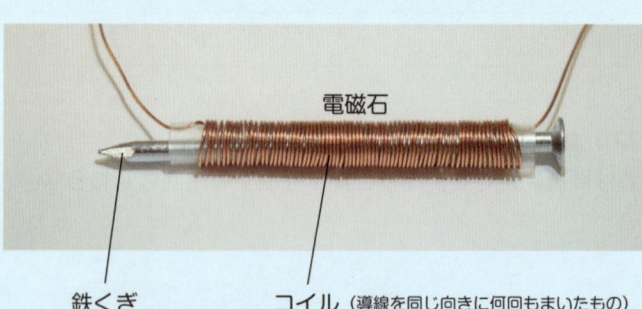

エナメル線　ストロー　鉄くぎ　　　　鉄くぎ　　コイル（導線を同じ向きに何回もまいたもの）

①エナメル線をストローのあなに通し、同じ向きにエナメル線をまきます。
②ストローに鉄くぎを入れます。

ポイント ▶▶

▶エナメル線をきっちりと巻くことは難しいですが、何度か巻いては指でエナメル線の隙間をつめ、またエナメル線を巻くようにすると、うまく巻くことができます。巻き始めと巻き終わりで、セロハンテープを小さく切ってエナメル線をとめておくと扱いやすくなります。
▶輪になっているエナメル線を無理に引っ張ると、絡まってコイルを作るのが難しくなるので、注意深く扱わせるようにします。

実験1 電磁石の性質やはたらき

❖ 電磁石を鉄に近づけたり、電磁石にN極とS極があるかどうかを調べたりします。

実験の準備・道具

・鉄くぎ　・ストロー　・導線（エナメル線）　・紙やすり　・かん電池　・かん電池ボックス　・スイッチ
・鉄（鉄のクリップや小さいくぎなど）　・方位じしん　など

実験の手順

①電磁石、かん電池、スイッチを使って、回路をつくります。
②回路に電流を流して、電磁石を鉄のクリップに近づけるとどうなるかを調べます。
③電流を流すのをやめると、どうなるかを調べます。
④電磁石を方位じしんに近づけて、針の向きを調べます。
⑤かん電池の向きを変えて電磁石を方位じしんに近づけ、針の向きを調べます。

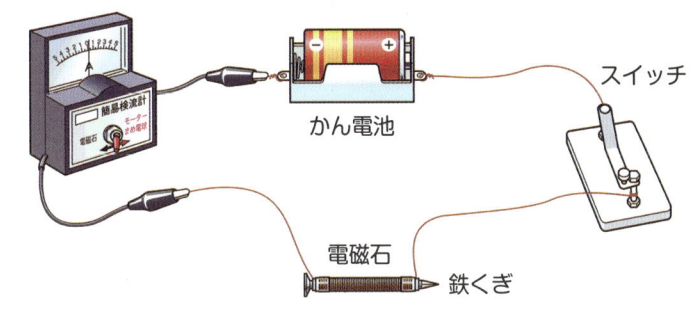

◆わかったこと

電磁石にもN極とS極がある。電流の向きが変わると、極が変わる。

この実験のポイント

▶電磁石を乾電池につないだままにしておくと、導線（エナメル線）が発熱するので注意します。
▶アルカリ電池は発熱量が多いので、マンガン電池を使うようにします。
▶電磁石は電流が流れたときだけ、磁石になることを確認します。

道具の使い方

電流計の使い方

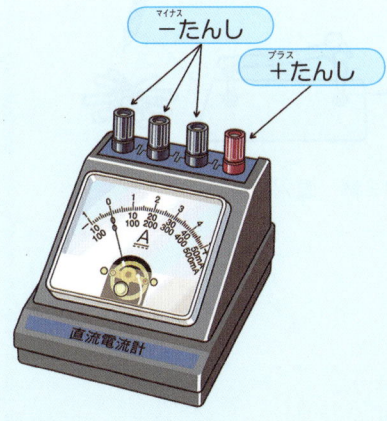

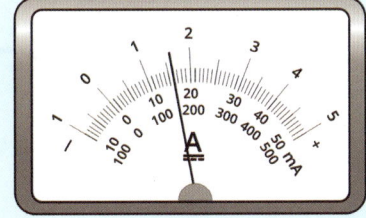

－たんしが、5Aの場合	1.6A
－たんしが、500mAの場合	160mA
－たんしが、50mAの場合	16mA

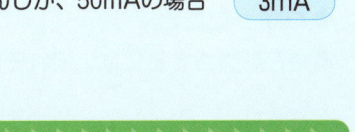

－たんしが、5Aの場合	0.3A
－たんしが、500mAの場合	30mA
－たんしが、50mAの場合	3mA

ポイント

▶電流計を回路に入れる場合は、必ず乾電池の＋極側の導線は電流計の＋端子に、乾電池の一側の導線は電流計の－端子につなぐようにします。
▶乾電池の＋極側と電流計の＋端子をつなぐ導線には、赤色の導線を使います。
▶強すぎる電流が流れると電流計が壊れてしまうことがあるので、初めは電流計の5Aの一端子に乾電池の一極側の導線をつなぐようにします。

第2章 理科重要観察・実験の指導法 5年生

実験2 電磁石を強くする方法①（電流の強さを変える場合）

❖ 電流の強さを変えて電磁石の強さについて調べます。
実験するときに同じにする条件、変える条件をたしかめます。

実験の準備・道具

・鉄くぎ　・ストロー　・導線（エナメル線）　・紙やすり　・かん電池　・かん電池ボックス　・スイッチ
・鉄（鉄のクリップや小さいくぎなど）　など

実験の手順

①かん電池が1個のときに、電磁石につくクリップの数と電流の強さを検流計ではかります。

②かん電池を2個直列につないだときに、電磁石につくクリップの数と電流の強さを検流計ではかります。

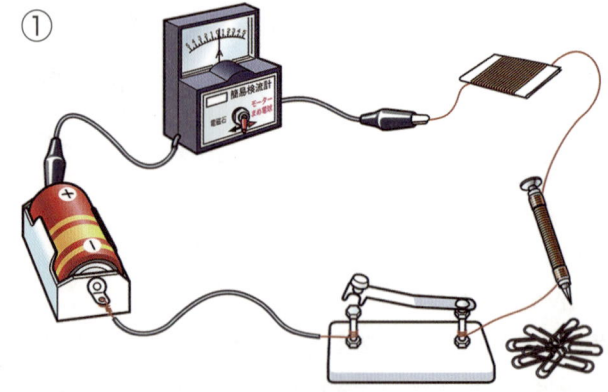

かん電池1個

かん電池の数	導線のまき数
1個	100回
2個直列	

変える条件　　同じにする条件

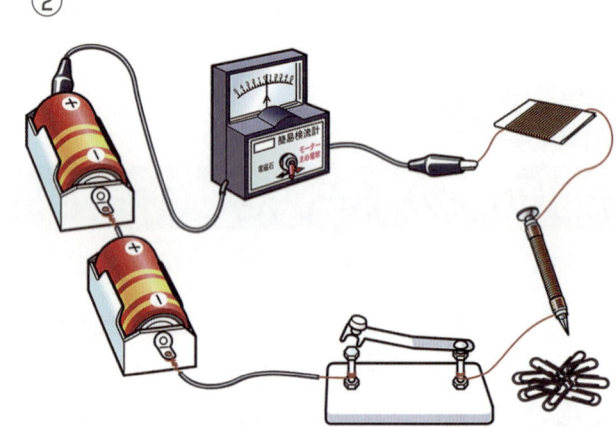

かん電池2個　直列

実験の結果　（板書例）

かん電池の数	1回目	2回目	3回目
1個			
2個直列			

◆わかったこと

電磁石を強くするには、流れる電流を強くする。

この実験のポイント ▶▶▶▶▶▶▶▶▶▶▶▶▶▶▶▶▶▶▶▶▶▶▶▶▶▶▶▶▶▶

▶実験の最初に、電流の強さ（乾電池の数）だけを変え、それ以外の条件（導線の巻き数、導線の長さ）は同じであることを確認します。
▶強い電流が流れるので、電磁石にクリップをつけた後は、こまめにスイッチを切るようにさせます。

実験3　電磁石を強くする方法②（導線のまき数を変える場合）

❖ 導線のまき数を変えて電磁石の強さについて調べます。
実験するときに同じにする条件、変える条件をたしかめます。

実験の準備・道具
・鉄くぎ　・ストロー　・導線（エナメル線）　・紙やすり　・かん電池　・かん電池ボックス　・スイッチ
・鉄（鉄のクリップや小さいくぎなど）　など

実験の手順

①導線が100回まきのときに、電磁石につくクリップの数と電流の強さを検流計ではかります。

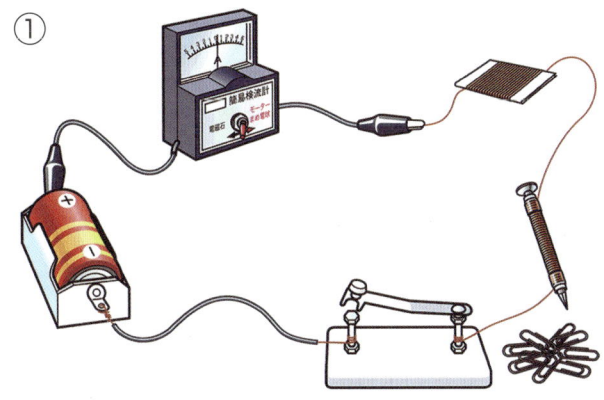

導線100回まき

②導線が200回まきのときに、電磁石につくクリップの数と電流の強さを検流計ではかります。

導線のまき数	かん電池の数
100回	1個
200回	

変える条件　同じにする条件

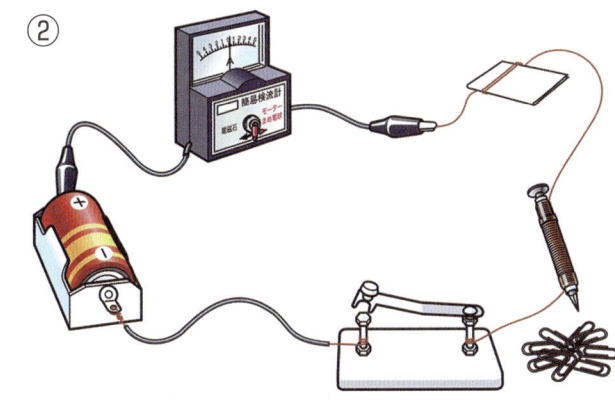

導線200回まき

実験の結果　（板書例）

導線のまき数	1回目	2回目	3回目
100回			
200回			

◆わかったこと

電磁石の強さは、導線のまき数によって変わる。
電磁石を強くするには、導線のまき数を多くする。

この実験のポイント

▶導線100回巻きと導線200回巻きを比べるとき、導線の長さを同じにすることを忘れがちです。同じ長さの導線を使って、条件を同じにすることを確認します。コイルに巻かずに余った導線は、厚紙などに巻いておくと、じゃまになりません。
▶導線100回巻きの上からさらに100回巻くときは、初めに巻いた向きと同じ向きになるように巻いていきます。

第2章 理科重要観察・実験の指導法 5年生

 植物の発芽、成長、結実
発芽に必要な条件

単元の概要

系統別領域
B. 生命・地球

第3学年	第4学年	第5学年	第6学年	中 学
(1)昆虫と植物 ア 昆虫の成長と体のつくり イ 植物の成長と体のつくり	(2)季節と生物 ア 動物の活動と季節 イ 植物の成長と季節	(1)植物の発芽、成長、結実 ア 種子の中の養分 **イ 発芽の条件** ウ 成長の条件 エ 植物の受粉、結実	(2)植物の養分と水の通り道 ア でんぷんのでき方 イ 水の通り道	イ 植物の体のつくりと働き (ｱ) 花のつくりと働き (ｲ) 葉・茎・根のつくりと働き

学習のねらい

（1）植物の発芽、成長、結実
　植物を育て、植物の発芽、成長及び結実の様子を調べ、植物の発芽、成長及び結実とその条件についての考えをもつことができるようにする。
　イ　植物の発芽には、水、空気及び温度が関係していること。

（学習指導要領より）

実験1　発芽に必要な条件（水）

❖ 種子の発芽に水が必要かどうかを調べます。

実験の準備・道具
・2つの同じ容器
・だっし綿
・インゲンマメの種子

実験の手順
① 2つの容器にだっし綿を入れて、インゲンマメの種子をのせます。
② [1]のだっし綿は水でしめらせます。
③ [2]のだっし綿はかわいたままです。

	[1] 種子に水をあたえる 水でしめらせておく	[2] 種子に水をあたえない かわいたまま	条 件
水	あり	なし	変える
空気	空気あり	空気あり	同じ
温度	同じ温度	同じ温度	同じ

実験の結果
水をあたえた種子は発芽した。
水をあたえない種子は発芽しなかった。

◆わかったこと
種子の発芽には水が必要である。

この実験のポイント
▶「水あり」、「空気あり」の条件とは、種子が水や空気に接している状態であることをしっかり確認します。種子を水の中に沈めてしまうと、「空気なし」の状態になってしまいます。
▶種子は水を大量に吸収して膨張するので、種子が接している部分の水の管理が大切です。接している水がなくならないようにすれば、通常2〜3日で発芽します。
▶実験の後、土の役割を考えさせます。土の粒と粒の間にできている隙間には、空気や水が保たれています。土には、脱脂綿以上に空気や水を保つ効果があることを児童に話してあげるとよいです。

実験 2　発芽に必要な条件（空気）

❖ 種子の発芽に空気が必要かどうかを調べます。

実験の準備・道具
・2つの同じ容器
・だっし綿
・インゲンマメの種子

実験の手順
①2つの容器にだっし綿を入れて、インゲンマメの種子をのせます。
②[3]のだっし綿は水でしめらせて、種子が空気にふれるようにしています。
③[4]は水を入れて、種子が空気にふれないようにします。

実験の結果
空気にふれている種子は発芽した。
空気にふれていない種子は発芽しなかった。

◆わかったこと
種子の発芽には空気が必要である。

	[3] 種子に水をあたえる（水でしめらせておく）	[4] 種子が空気にふれていない（種子は水の中におく）	条件
水	水あり		同じ
空気	あり	なし	変える
温度	同じ温度		同じ

この実験のポイント ▶▶▶▶▶▶▶▶▶▶▶▶▶▶▶▶▶▶▶▶▶▶▶
▶種子を水の中に入れているということは、種子が空気に接していない状態であることを確認します。
▶実際は、水の中には空気が溶けているので、種子が発芽することもあります。水の中の種子を確実に発芽させないためには、一度沸騰させた水を冷ましてから使うとよいでしょう。沸騰させて冷ました水には、空気が含まれていません。

実験 3　発芽に必要な条件（温度）

❖ 種子の発芽に適当な温度が必要かどうかを調べます。

実験の準備・道具
・2つ同じ容器　・だっし綿
・インゲンマメの種子
・冷ぞう庫　・箱

実験の手順
①2つの容器にだっし綿を入れて、だっし綿を水でしめらせ、インゲンマメの種子をのせます。
②[5]あたたかい（20℃くらい）ところで箱の中に置きます。
③[6]冷ぞう庫（5℃くらい）の中に置きます。

実験の結果
あたたかいところにおいた種子は発芽した。
冷たいところにおいた種子は発芽しなかった。

◆わかったこと
種子の発芽には適当な温度が必要である。

	[5] 20℃くらいのあたたかいところ	[6] 5℃くらいの冷たいところ	条件
水	水あり		同じ
空気	空気あり		同じ
温度	20℃くらい	5℃くらい	変える

この実験のポイント ▶▶▶▶▶▶▶▶▶▶▶▶▶▶▶▶▶▶▶▶▶▶▶
▶片方にはなぜ箱をかぶせるのかを、冷蔵庫はドアを閉めた後は室内灯が消えてしまい、暗くなることと結びつけて考えさせます。箱の中も冷蔵庫の中も「暗い」という条件は同じであることを、しっかりと理解させます。
▶冷蔵庫の中は乾燥しているので、種子が乾かないように注意させます。

31

第2章 理科重要観察・実験の指導法 5年生

植物の発芽、成長、結実

5 発芽する前後の種子の養分

 観察

単元の概要

系統別領域

B. 生命・地球

第3学年	第4学年	第5学年	第6学年	中　学
⑴昆虫と植物 ア　昆虫の成長と体のつくり イ　植物の成長と体のつくり	⑵季節と生物 ア　動物の活動と季節 イ　植物の成長と季節	⑴植物の発芽、成長、結実 ア　種子の中の養分 イ　発芽の条件 ウ　成長の条件 エ　植物の受粉、結実	⑵植物の養分と水の通り道 ア　でんぷんのでき方 イ　水の通り道	イ　植物の体のつくりと働き ㋐　花のつくりと働き ㋑　葉・茎・根のつくりと働き

学習のねらい

（1）植物の発芽、成長、結実
　植物を育て、植物の発芽、成長及び結実の様子を調べ、植物の発芽、成長及び結実とその条件についての考えをもつことができるようにする。
ア　植物は、種子の中の養分を基にして発芽すること。

（学習指導要領より）

観察1　種子のつくり

❖ インゲンマメの種子の作りを調べます。

観察の準備・道具
・インゲンマメの種子

観察の手順
①種子を水にひたしてやわらかくしておきます。
②カッターナイフなどを使いながら、種子の皮をはがして種子を2つにわります。
③種子の中のつくりを観察します。

観察の結果
種子には、根、くき、葉になる部分と子葉がある。

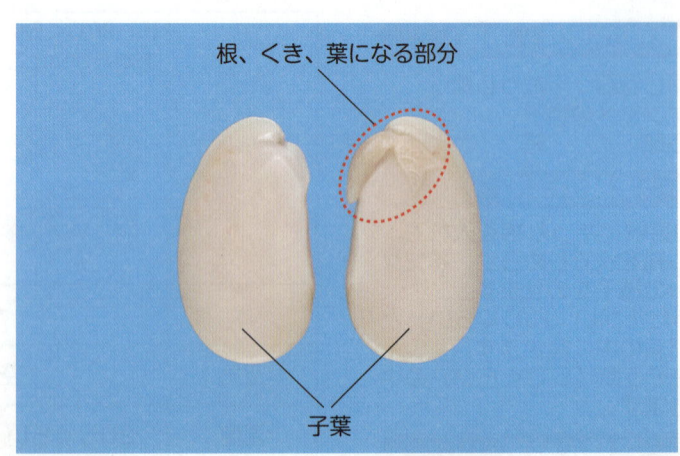

根、くき、葉になる部分
子葉

この観察のポイント
▶観察に使う種子は、スーパーマーケットなどで食用として売られているものを使うと安全です。園芸店で販売されている種子は、表面に消毒薬が塗られていることがあります。
▶水を吸わせる前の種子も用意して、種子の硬さを体感させると、「こんなに硬い種子からでは芽が出ない。発芽するときには、種子が柔らかくなっていなければいけないので、水が必要なのではないか。」という考えにつながります。
▶インゲンマメの他にも、ダイズなどの種子を観察させてもよいです。

観察2 発芽の養分

❖ 種子の中に発芽に必要な養分があるかどうかを調べます。

観察の準備・道具
・インゲンマメの種子
・発芽後の子葉 ・ヨウ素液

観察の手順
①種子を水にひたしてやわらかくしておきます。[1]のように種子を半分に切ります。
②種子の切り口にヨウ素液をかけて、色の変化を調べます。
③[2]のように発芽した後の子葉を半分に切ります。
④発芽した後の子葉の切り口にヨウ素液をかけて、色の変化を調べます。

観察の結果
発芽する前の種子は青紫色に変化した。発芽した後の子葉はほとんど変わらない。

◆わかったこと
種子の中のでんぷんは、発芽や成長に使われる。

[1] 発芽する前の種子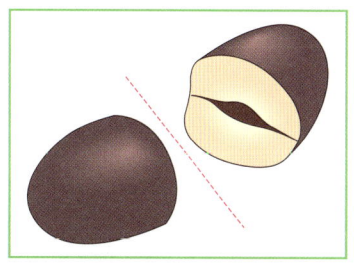

[2] 発芽した後の子葉

この観察のポイント
▶ ヨウ素液を使うのは、でんぷんという養分があるかどうかを調べるためであることを確認させます。
▶ 発芽後の子葉を切る前に、子葉の見た目（しぼんでいる）や大きさ、手触りなどを調べておきます。
▶ 種子を切るときは、けがをしないように十分注意させます。カッターナイフを引く方向に、指を置いてしまう児童がいます。
▶ 種子を切るのは、ヨウ素液を浸み込みやすくするためです。種子の皮を剥いだだけのものや2つに割っただけのものは、ヨウ素液が浸み込みにくいです。
▶ 発芽後の子葉でも、青紫色の部分が見られることがありますが、色の濃さや色が変わった部分の範囲が発芽前の種子とは違います。この違いから、発芽後の子葉はでんぷんの量が減っていることをとらえさせます。

道具の使い方

ヨウ素液のうすめ方

・ヨウ素液は、原液のまま使うと、色が黒っぽくなって反応がわかりにくいです。そのため、ヨウ素液は水でうすめて使います。

・ヨウ素液は、光に当たると分解してしまいます。保存するときは、褐色のびんに入れましょう。

・市販のうがい薬（ヨードが入っているもの）やヨードチンキでも代用することができます。水でうすめて使用します。

水でうすめたときの色の目安

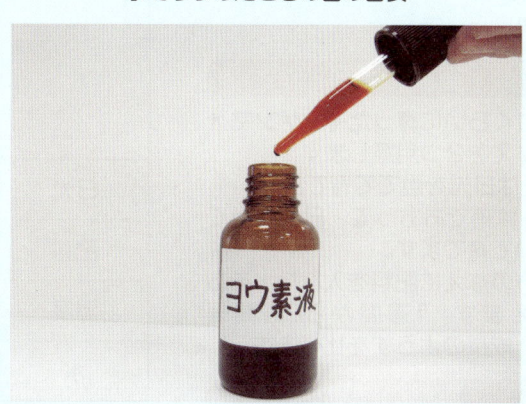

ポイント
▶ ヨウ素液は、紅茶の色くらいになるまで水で薄めます。薄め過ぎてしまうと、反応がはっきり出ないことがあります。
▶ 種子の切り口にヨウ素液をつける実験では、反応が出るまでに時間がかかります。予備実験をして反応までの時間を調べておくと安心です。

第2章 理科重要観察・実験の指導法 5年生

植物の発芽、成長、結実

植物の成長に必要な条件

単元の概要

系統別領域　　　　　　　　　　　　　　　　　　　　　　　B．生命・地球

第3学年	第4学年	第5学年	第6学年	中学
(1)昆虫と植物 ア　昆虫の成長と体のつくり イ　植物の成長と体のつくり	(2)季節と生物 ア　動物の活動と季節 イ　植物の成長と季節	(1)植物の発芽、成長、結実 ア　種子の中の養分 イ　発芽の条件 **ウ　成長の条件** エ　植物の受粉、結実	(2)植物の養分と水の通り道 ア　でんぷんのでき方 イ　水の通り道	イ　植物の体のつくりと働き (ア)　花のつくりと働き (イ)　葉・茎・根のつくりと働き

学習のねらい

（1）植物の発芽、成長、結実
　植物を育て、植物の発芽、成長及び結実の様子を調べ、植物の発芽、成長及び結実とその条件についての考えをもつことができるようにする。
　ウ　植物の成長には、日光や肥料などが関係していること。

（学習指導要領より）

実験1　植物の成長に必要な条件（日光）

❖ 植物がよく成長するためには、日光が必要かどうかを調べます。

実験の準備・道具
・同じくらいに育ったインゲンマメのなえ
・肥料　・箱

実験の手順
①同じくらいに育ったインゲンマメのなえを2つ用意します。
②[1]は日光を当てて育てます。
③[2]は箱でおおって、日光を当てないで育てます。
④両方のなえに肥料を入れた水をあたえます。1週間から2週間後に、成長のようすを比べます。

実験の結果
日光を当てたなえはよく成長した。日光を当てないなえは、あまり成長しなかった。

◆わかったこと
植物がよく成長するためには、日光が必要である。

	[1] 植物に日光を当てる	[2] 植物に日光を当てない	条件
日光	あり	なし	変える
肥料	肥料あり		
温度	同じ温度		同じ
水	水あり		

この実験のポイント ▶▶▶▶▶

▶この実験を行うことを考えて、インゲンマメを多めに栽培しておくことが必要です。ある程度の数がないと、同じくらいに育った苗を何組も用意することが大変になります。
▶茎はひょろひょろと伸びていくので、箱は大きめのものを用意しておきます。

34

実験2 植物の成長に必要な条件（肥料）

❖ 植物が成長するためには、肥料が必要かどうかを調べます。

実験の準備・道具
・同じくらいに育ったインゲンマメのなえ　・肥料

実験の手順
① 同じくらいに育ったインゲンマメのなえを2つ用意します。
② [3]は肥料をとかした水をあたえて育てます。
③ [4]は肥料をあたえず、水だけをあたえます。
④ 両方のなえは同じような温度の場所に置き、日光を当てます。1週間から2週間後に、成長のようすを比べます。

実験の結果
肥料をあたえたなえはよく成長した。肥料をあたえないなえは、あまり成長しなかった。

◆わかったこと
植物がよく成長するためには、肥料が必要である。

	[3] 植物に肥料をあたえる	[4] 植物に肥料をあたえない	条件
日光	日光あり		同じ
肥料	あり	なし	変える
温度	同じ温度		同じ
水	水あり		

この実験のポイント
▶ バーミキュライトを使う理由を児童に考えさせます。土には、栄養分が含まれている場合があります。
▶ 液体肥料を使うと、同じ濃さの肥料を同じ量だけ与えることができるので、条件統一がしやすくなります。
▶ 与える水が多すぎたり、液体肥料が濃すぎたりすると、苗が枯れてしまうことがあるので気をつけます。水の量も同じにします。

道具の使い方

バーミキュライトとパーライト

植物の成長の条件を調べる実験で使用するバーミキュライトは、蛭石とよばれる鉱物を800℃ほどの高熱で焼き、10倍以上の大きさにさせたものです。水分をたもつことができるので、園芸用の土に混ぜて使われることが多いです。

バーミキュライトのほかに、パーライトを使用することもできます。パーライトは、火山岩を高温で熱してつくられています。
バーミキュライトもパーライトも、栄養分はふくまれていません。

バーミキュライト

パーライト

ポイント
▶ バーミキュライトやパーライトの他に、赤玉土を使うこともできます。園芸店などで購入することができます。

第2章 理科重要観察・実験の指導法 5年生

植物の発芽、成長、結実

7 花のつくり

 観察

単元の概要

系統別領域　　　　　　　　　　　　　　　　　　　　　　　　B. 生命・地球

第3学年	第4学年	第5学年	第6学年	中　学
(1)昆虫と植物 ア　昆虫の成長と体のつくり イ　植物の成長と体のつくり	(2)季節と生物 ア　動物の活動と季節 イ　植物の成長と季節	(1)植物の発芽、成長、結実 ア　種子の中の養分 イ　発芽の条件 ウ　成長の条件 **エ　植物の受粉、結実**	(2)植物の養分と水の通り道 ア　でんぷんのでき方 イ　水の通り道	イ　植物の体のつくりと働き (ア)　花のつくりと働き (イ)　葉・茎・根のつくりと働き

学習のねらい

（1）植物の発芽、成長、結実
　植物を育て、植物の発芽、成長及び結実の様子を調べ、植物の発芽、成長及び結実とその条件についての考えをもつことができるようにする。
　エ　花にはおしべやめしべなどがあり、花粉がめしべの先に付くとめしべのもとが実になり、実の中に種子ができること。

（学習指導要領より）

観察 1　花のつくり

❖ アサガオやヘチマの花のつくりを調べましょう。

観察の準備・道具

・ピンセット　・台紙　・セロハンテープ　など

【アサガオの花のつくり】　　　　　　【ヘチマの花のつくり】

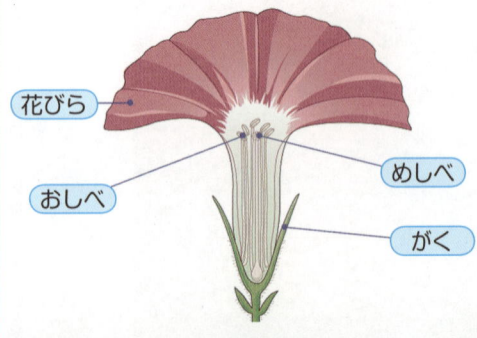
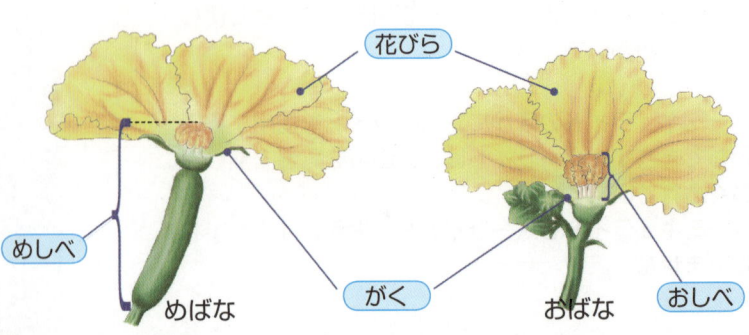

この観察のポイント

▶花のつくりを調べるときは、ピンセットを使って、外側から、がく→花びら（花弁）→おしべ→めしべの順に丁寧に切り離していきます。セロハンテープで台紙に貼りつけてから、観察させるとよいです。貼らせながら、がく、花びら、おしべ、めしべなどの名称を確認していきます。

36

観察 2　めしべとおしべのつくり

❖ ヘチマのめしべとおしべの形や色を比べてみましょう。
　また、表面のようすやさわったときの感じなど、気づいたことを記録しましょう。

実験の準備・道具
・虫めがね
・けんび鏡
・スライドガラス
・セロハンテープ　など

めしべの先　　　　　おしべの先

❖ けんび鏡を使って、おしべの先についている粉を見てみましょう。

おしべの先にセロハンテープを軽く
あて、スライドガラスにはります。
けんび鏡を使って観察します。

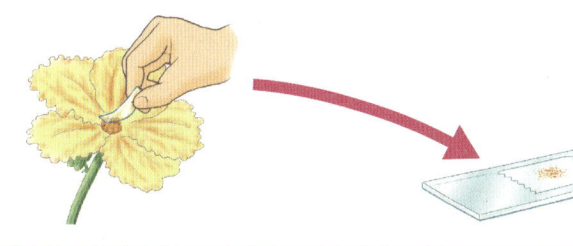

この観察のポイント
▶ 実際の大きさと顕微鏡で見える大きさの違いを実感させるため、おしべの先についている花粉を目視させてから、顕微鏡で観察させます。（顕微鏡の使い方は38ページ）
▶ 顕微鏡で観察する花粉を取り過ぎると、観察しづらくなります。

道具の使い方

虫めがねの使い方

【動かせないものを見るとき】
体を見るものに近づけ、虫めがねを近づけたり遠ざけたりして虫めがねを動かして見る。
または、目に虫めがねを近づけてそのまま体ごと見るものに近づいたり遠ざかったりして見る。

【動かせるものを見るとき】
見るものを虫めがねに近づけたり、遠ざけたりして、はっきり見えるところで止める。

ポイント
▶ 目を痛めてしまうことがあるので、絶対に虫めがねで太陽を見ないように指導します。
▶ 野外で虫めがねを使用したときは、レンズに細かな砂などがついていないか確認させます。
▶ 砂がついているときは、レンズを傷つけないようにするため、写真機用のブロアーブラシなどで砂を吹き飛ばしてから、柔らかい布でレンズを拭きます。

37

第2章 理科重要観察・実験の指導法 5年生

8 植物の発芽、成長、結実
実ができるための条件

実験

単元の概要

系統別領域　B．生命・地球

第3学年	第4学年	第5学年	第6学年	中学
(1)昆虫と植物 ア　昆虫の成長と体のつくり イ　植物の成長と体のつくり	(2)季節と生物 ア　動物の活動と季節 イ　植物の成長と季節	(1)植物の発芽、成長、結実 ア　種子の中の養分 イ　発芽の条件 ウ　成長の条件 エ　植物の受粉、結実	(2)植物の養分と水の通り道 ア　でんぷんのでき方 イ　水の通り道	イ 植物の体のつくりと働き (ア) 花のつくりと働き (イ) 葉・茎・根のつくりと働き

学習のねらい

（1）植物の発芽、成長、結実
植物を育て、植物の発芽、成長及び結実の様子を調べ、植物の発芽、成長及び結実とその条件についての考えをもつことができるようにする。
エ　花にはおしべやめしべなどがあり、花粉がめしべの先に付くとめしべのもとが実になり、実の中に種子ができること。

（学習指導要領より）

道具の使い方

けんび鏡の使い方

けんび鏡を使うと、40～600倍の倍率でものを見ることができます。けんび鏡の倍率は「接眼レンズの倍率×対物レンズの倍率」になるので、それぞれのレンズの組み合わせで倍率を変えることができます。けんび鏡では、ふつうものは上下左右が逆に見えます。

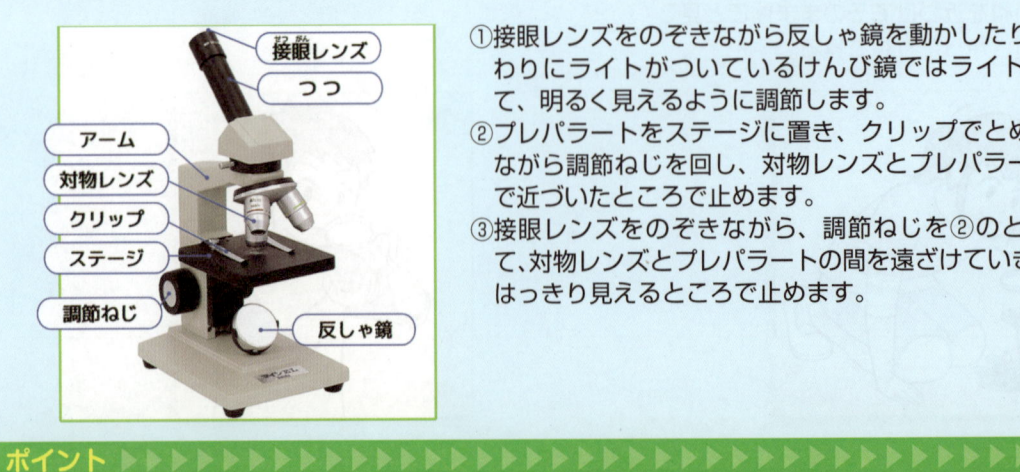

（図：けんび鏡の各部名称　接眼レンズ、つつ、アーム、対物レンズ、クリップ、ステージ、調節ねじ、反しゃ鏡）

①接眼レンズをのぞきながら反しゃ鏡を動かしたり、反しゃ鏡の代わりにライトがついているけんび鏡ではライトを動かしたりして、明るく見えるように調節します。
②プレパラートをステージに置き、クリップでとめます。横から見ながら調節ねじを回し、対物レンズとプレパラートがすれすれまで近づいたところで止めます。
③接眼レンズをのぞきながら、調節ねじを②のときとは逆に回して、対物レンズとプレパラートの間を遠ざけていきます。そして、はっきり見えるところで止めます。

ポイント
▶対物レンズとプレパラートをすれすれまで近づけるときは、必ず横から見ながら近づけます。接眼レンズを覗きながら近づけると、対物レンズとプレパラートがぶつかって、プレパラートや対物レンズが壊れてしまうことがあります。
▶目を痛めてしまうことがあるので、直射日光の当たる場所で顕微鏡を使わせないようにします。直射日光の当たらない明るい場所で使いましょう。

実験 1　花粉のはたらき

❖ 実ができるためには、めしべに花粉をつけることが必要かどうかを調べます。

実験の準備・道具
・紙のふくろ　・モール（2色）　・筆　など

実験の手順

【花がさく前に】
①明日さきそうなめばなのつぼみを2つ選び、両方ともふくろをかぶせて、花がさくのを待ちます。

【花がさいたら】
②[1]のめばなは、ふくろをはずしてめしべの先に花粉をつけます。また、ふくろをかけます。
③[2]のめばなは、何もせずにそのままふくろをかけておきます。

【花がしぼんだら】
④[1]と[2]のふくろをはずします。
⑤10日くらい後にめばなのようすを比べます。

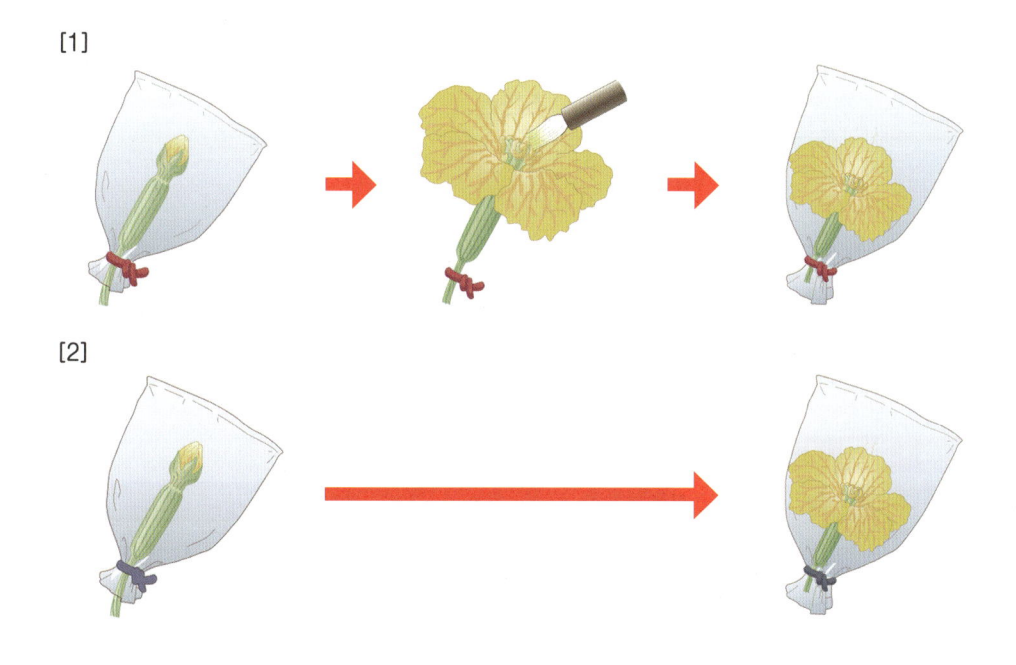

[1]

[2]

実験の結果
花粉をつけた花は、実ができた。花粉をつけなかった花は、実ができなかった。

◆わかったこと
めしべの先に花粉がつくことを受粉という。実ができるためには、受粉することが必要である。

この実験のポイント
▶ヘチマは雄花が先に咲き始めます。しばらくすると雌花もできてきますが、数が少ないので、雌花ができる時期を逃さないようにして実験の計画を立てます。
▶この実験は、午前中の早い時間に行います。めしべに付ける花粉は、その日の朝に咲いた雄花のものを使います。
▶つぼみにかぶせる袋は紙製のものがよいです。花が咲くので、大きさに余裕をもたせます。
▶2つのつぼみに袋をかぶせる理由を考えさせます。（自然受粉や条件制御など）

第2章 理科重要観察・実験の指導法 5年生

9 動物の誕生
メダカのたんじょう

観察

単元の概要

系統別領域　　　　　　　　　　　　　　　　　　　　　　　　　　　B. 生命・地球

第3学年	第4学年	第5学年	第6学年	中学
(1)昆虫と植物 ア　昆虫の成長と体のつくり イ　植物の成長と体のつくり	(2)季節と生物 ア　動物の活動と季節 イ　植物の成長と季節	(2)動物の誕生 ア　卵の中の成長 イ　水中の小さな生物 ウ　母体内の成長		ア　生物の成長と殖え方 (ア)　細胞分裂と生物の成長 (イ)　生物の殖え方

学習のねらい

（2）動物の誕生
　魚を育てたり人の発生についての資料を活用したりして、卵の変化の様子や水中の小さな生物を調べ、動物の発生や成長についての考えをもつことができるようにする。
ア　魚には雌雄があり、生まれた卵は日がたつにつれて中の様子が変化してかえること。
イ　魚は、水中の小さな生物を食べ物にして生きていること。

（学習指導要領より）

観察1　メダカをかう（準備）

❖ メダカのめすとおすはどのようにして見分けるか、観察するためにメダカをかってみましょう。

観察の準備・道具
・水そう　・よくあらった小石
・水草　　・くみ置いた水
・メダカのえさ
・寒い地域ではヒーター

観察の手順
【水そうを置く場所】
日光が直せつ当たらない、明るいところに置きます。
【手順】
①水そうの底に、よくあらった小石を入れます。
②水草を植えます。
③くみ置きした水を水そうに入れます。
④メダカは、めすとおすをいっしょにかいます。

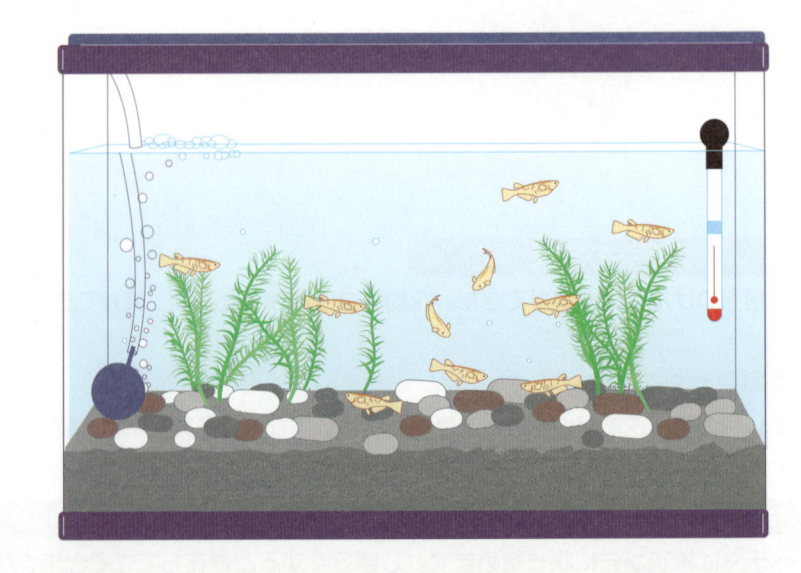

この観察のポイント
▶児童は水替えをしたがりますが、水替えをすることによってメダカが弱ることもあるので、水替えは水が汚れたときにするようにします。また、水を替えるときは、多くても半分くらい替えるようにします。

観察 ② メダカのめすとおすの見分け方

❖ メダカのめすとおすはどのようにして見分けるか、メダカをかって調べます。

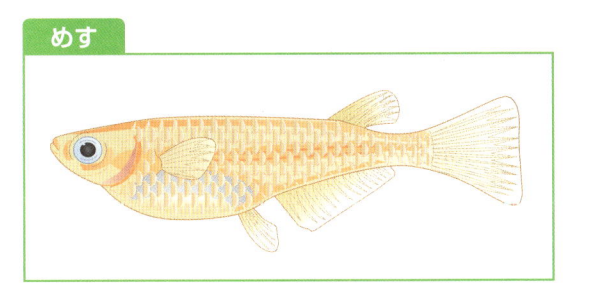

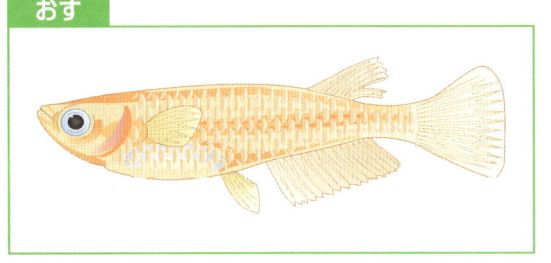

めす

おす

観察の結果

めす
- せびれに切れこみが ない 。
- しりびれが 三角形 に近い形をしている。

おす
- せびれに切れこみが ある 。
- しりびれが 平行四辺形 に近い形をしている。

◆わかったこと
めすとおすを見分けるときは、せびれとしりびれの形を調べる。

この観察のポイント ▶▶▶▶▶▶▶▶▶▶▶▶▶▶▶▶▶▶▶▶▶▶▶▶▶▶▶▶

▶ めすとおすの違いを観察するときは、チャック付きポリエチレンの袋にくみ置きの水とめすとおすを1匹ずつを入れたものを用意して観察させると、観察しやすいです。観察し終わったら、すぐにメダカは水槽に戻します。

成功のコツ

メダカのかい方

❖ メダカを元気に育てましょう！

▶ 水そうに直射日光が当たると、水温が高くなりすぎてしまいます。また、日中と夜とで水温の差が大きくなるので、メダカの体によくありません。
▶ メダカは水の流れに逆らって泳ぐので、エアポンプなどで起こる水流が強いとメダカが泳ぎつかれてしまいます。
▶ えさのあたえすぎに気をつけます。食べ残しやふんによって、水が悪くなります。1回にあたえるえさは、2〜3分で食べきれる量にします。
▶ 水そうの中のメダカの数が多すぎると、泳ぎにくかったり、水中の酸素が不足したりします。水1Lに対してメダカ1ぴきを目安にします。
▶ 水草など、メダカが体をかくせるものが十分にありますか。
▶ 病気になってしまったメダカは、別の水そうにうつしましょう。病気に合わせて、治りょう（薬浴や塩浴）をします。
▶ 川に放さないようにしましょう。

第2章 理科重要観察・実験の指導法 5年生

観察 3 メダカのたまごの観察

❖ メダカのたまごの変化を観察します。

観察の準備・道具
・たまごがついた水草
・水草を入れる容器
・かいぼうけんび鏡

受精直後　　2日目　　4日目
8日目　　11日目

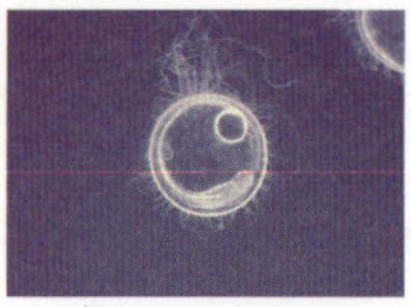

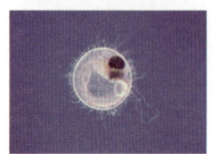

観察の手順
①メダカのたまごがついている水草をさがして、水を入れた容器に、水草のついたままたまごを入れます。
②かいぼうけんび鏡を使って、たまごのようすを観察します。

◆わかったこと
・メダカは、たまごの中で少しずつ変化していく。
・メダカは、たまごの中で成長するときは、たまごの中にある養分で育つ。

この観察のポイント
▶チャック付きのポリエチレンの袋に水道水を入れ、そこに3～5個のたまごを入れて観察を続けると、袋ごと解剖顕微鏡で観察ができ、観察しやすいです。
▶孵化した後は、くみ置きの水を使います。
▶めすが産んだたまごとおすが出す精子とが結びつくことを受精といい、受精したたまごを受精卵ということをおさえておきます。

観察 4 水の中の小さな生物の観察

❖ 池や川にいる小さな生物を調べてみます。

観察の手順
①目の細かいあみで池の水を何回もすくいます。あみをうら返して、あみに入っているものをビーカーの水の中であらい出します。
②ビーカーの水をスポイトでとり、スライドガラスにたらしたものをプレパラートにして、けんび鏡で観察します。
③ビーカーを明るいところですかして見て、動いているものをスポイトでとって、メダカにあたえてみます。

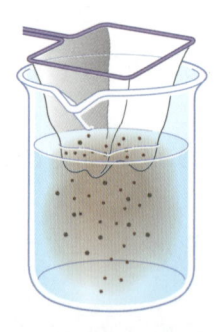

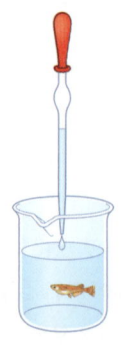

■メダカなどの魚の食べ物
たまごからかえったばかりの子魚ははらがふくらんでいて、はらのふくらみにある養分で育ちます。何日かたつとはらのふくらみもなくなり、水中の小さな生物を食べます。

この観察のポイント
▶採集してきた水をろ過し、ろ紙上の水が減ったらスポイトで水を取り、顕微鏡で観察すると、たくさんの水中の小さな生物を観察できます。
▶ミジンコは、肉眼やルーペ、解剖顕微鏡でも確認することができます。
▶学校に池がない場合は、プランクトンネットを使って近くの川や池で、水中の小さな生物を採集しておきます。

道具の使い方

プレパラートのつくり方

準備・道具
- スライドガラス
- スポイト
- カバーガラス
- ピンセット
- ろ紙　など

【プレパラートのつくり方】
①観察するものをスポイトでとり、スライドガラスにのせます。
②ピンセットを使って、カバーガラスをかけます。
③カバーガラスからはみ出した水分をろ紙やティッシュペーパーですい取ります。

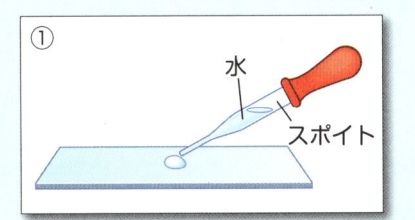

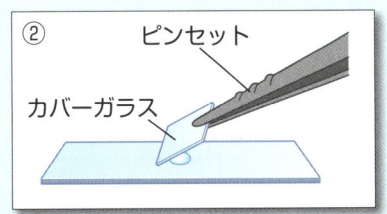

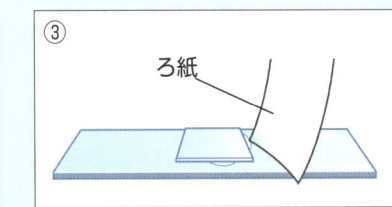

ポイント
▶児童には、カバーガラスはプラスチック製のものが安全で、使いやすいです。
▶指で汚さないように、カバーガラスやスライドガラスは、必ずピンセットで挟んで扱います。

道具の使い方

かいぼうけんび鏡の使い方

かいぼうけんび鏡は、名前のとおり、レンズをのぞきながらかいぼうができるけんび鏡です。10倍、または20倍程度の倍率で観察するのに適しています。見るものを皿などに入れて直接見ることができるので、植物の花のつくりや、動物の体の中のつくりを調べるときなどに使われます。

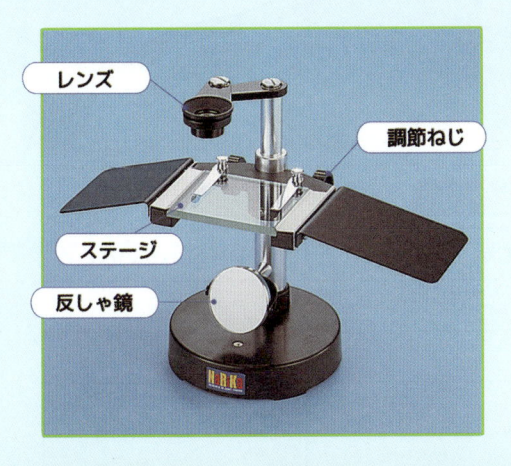

①レンズをのぞきながら反しゃ鏡を動かして、明るく見えるように調節します。
②見るものをステージに置きます。レンズが見るものの真上にくるように、レンズの位置を動かします。
③レンズをのぞきながら調節ねじでレンズを上げ下げして、はっきりと見えるところで止めます。

ポイント
▶観察するものは、ステージの中央に置きます。
▶目を痛めてしまうことがあるので、直射日光の当たる場所で解剖顕微鏡を使わないように指導します。直射日光の当たらない、明るい場所で使わせます。

第2章　理科重要観察・実験の指導法 5年生

10 流水の働き
流れる水のはたらき

実験

単元の概要

系統別領域　　　　　　　　　　　　　　　　　　　　　　　　　　　B. 生命・地球

第3学年	第4学年	第5学年	第6学年	中学
(3)太陽と地面の様子 ア 日陰の位置と太陽の動き イ 地面の暖かさや湿り気の違い	(3)天気の様子 ア 天気による1日の気温の変化 イ 水の自然蒸発と結露	(3)流水の働き ア 流れる水の働き イ 川の上流・下流と川原の石 ウ 雨の降り方と増水	(4)土地のつくりと変化 ア 土地の構成物と地層の広がり イ 地層のでき方と化石 ウ 火山の噴火や地震による土地の変化	イ 地層の重なりと過去の様子 (ア) 地層の重なりと過去の様子

学習のねらい

（3）流水の働き
　地面を流れる水や川の様子を観察し、流れる水の速さや量による働きの違いを調べ、流れる水の働きと土地の変化の関係についての考えをもつことができるようにする。
ア　流れる水には、土地を侵食したり、石や土などを運搬したり堆積させたりする働きがあること。
ウ　雨の降り方によって、流れる水の速さや水の量が変わり、増水により土地の様子が大きく変化する場合があること。

（学習指導要領より）

実験① 水の流れるようすと地面の変化①（土地のかたむき）

❖ 土地のかたむきによって、水の流れの速さや地面のようすがどのように変わっていくのかを調べます。

実験の準備・道具
・水　・じょうろ　・ホース
・土山　・ぼうやわりばし

実験の手順
① 土で山を作り、土のかたむきのちがうところを作ります。
② 坂の上から水をかけて、水の流れの速さや地面のようすがどのように変わるのかを調べます。

◆わかったこと
・土地のかたむきの大きいところでは水の流れが速いので、けずるはたらきや運ぶはたらきが大きい。
・土地のかたむきの小さいところでは、水の流れがゆるやかなので、積もらせるはたらきが大きい。

実験の結果　（板書例）

	かたむきが大きいところ	かたむきが小さいところ
水の流れの速さ		
土のけずられ方		
土の運ばれ方		
土の積もり方		

この実験のポイント
▶ 地面の傾きの大きいところと小さいところ、流れの内側と外側など、観察する場所に旗や札を立てて目印にしておくと、観察しやすいです。
▶ 振り返って学習できるように、水の流れる様子を動画で撮っておくとよいです。

実験 2　水の流れるようすと地面の変化②（水の流れが曲がる場所）

❖ 水の流れが曲がっている場所では、水の流れの速さや地面のようすがどうなっているのかを調べます。

実験の準備・道具
・じょうろ　・ホース　・土山
・ぼうやわりばし

実験の手順
①土で山を作り、流れが曲がるところを作ります。
②坂の上から水をかけて、流れの内がわと外がわで水の流れの速さや地面のようすがどのように変わるのかを調べます。

実験の結果　（板書例）

	流れの内がわ	流れの外がわ
水の流れの速さ		
土のけずられ方		
土の運ばれ方		
土の積もり方		

◆わかったこと
流れの内がわのところは、水の流れがゆるやかなので、積もらせるはたらきが大きい。
流れの外がわのところは、水の流れが速いので、けずるはたらきや運ぶはたらきが大きい。

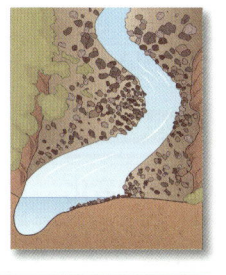

この実験のポイント
▶振り返って学習できるように、水の流れる様子を動画で撮っておくとよいです。
▶実際の川の曲流部の様子を動画や写真で見せて、実験結果と比べさせるとよいでしょう。

実験 3　水の量と流れる水のはたらきとの関係

❖ 流す水の量によって、水の流れの速さや地面のようすがどのように変わっていくのかを調べます。

実験の準備・道具
・土山またはバット
・水を入れる容器
・土

実験の手順
①同じかたむきのしゃ面に、2つの同じような流れるところを作ります。
②水の量を変えて流します。
③水の量によって、どのようなちがいがあるのかを調べます。

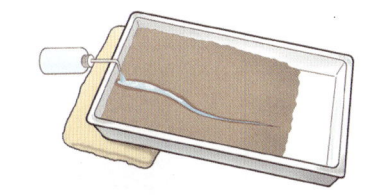

実験の結果　（板書例）

	水の量が多い	水の量が少ない
水の流れの速さ		
土のけずられ方		
土の運ばれ方		

◆わかったこと
水の量の多いところでは水の流れが速いので、けずるはたらきや運ぶはたらきが大きい。

この実験のポイント
▶流す量を多くすると、水の速さが速くなり、侵食や運搬の働きが大きくなることを確認します。
▶児童は土が削られることに意識をとられがちです。自分たちが何を調べる実験をするのか、どの部分に注目するのかを実験前に確認させておきます。
▶水害による災害の様子を動画や写真で見せて、流れる水の働きについて考えさせます。

第2章 理科重要観察・実験の指導法 5年生

11 天気の変化
天気の変化　　観察

単元の概要

系統別領域　　　　　　　　　　　　　　　　　　　　　　　　　　B．生命・地球

第3学年	第4学年	第5学年	第6学年	中　学
(3)太陽と地面の様子 ア　日陰の位置と太陽の動き イ　地面の暖かさや湿り気の違い	(3)天気の様子 ア　天気による1日の気温の変化 イ　水の自然蒸発と結露	(4)天気の変化 ア　雲と天気の変化 イ　天気の変化の予想		ウ　日本の気象 (ア)　日本の天気の特徴 (イ)　大気の動きと海洋の影響

学習のねらい

（4）天気の変化
　1日の雲の様子を観察したり、映像などの情報を活用したりして、雲の動きなどを調べ、天気の変化の仕方についての考えをもつことができるようにする。
　ア　雲の量や動きは、天気の変化と関係があること。
　イ　天気の変化は、映像などの気象情報を用いて予想できること。

（学習指導要領より）

観察① 天気と雲の関係

❖ 雲は、天気とどのような関係があるのか、雲のようすを観察して調べます。

観察の準備・道具
・方位じしん
・デジタルカメラ
・ノート

観察の手順

【雲の観察】
運動場や屋上など空を見わたせる場所で、方位じしんで方位を確認します。同じ場所で、数時間ごとに、雲の量、色や形、動きなどを観察して記録します。雲のようすを絵でかいたり、デジタルカメラで写真にとったりしておくと、雲の変化のようすが分かりやすくなります。

【天気の予想】
雲のようすから、どのように天気が変わるのか予想します。

天気　くもり　9月　6日　14時　30分

【雲のようす】
午前中は明るかったのに、だんだんと雲が動きながら集まってきたようにみえた。
形はもくもくして大きい。こんもりと厚みがある。
色はこい灰色。黒に近いところもある。
空一面がおおわれて、昼間なのに、辺りがとても暗くなった。

【天気の予想】
このあと、雨がふってしばらく雨がふると思う。

この観察のポイント

▶雲の様子を10分ほど見させ、雲がどの方位からどの方位に向かって動いているのかを観察します。
▶1日に何回か、数日間続けて観察するときは、同じ場所で同じ方向を向いて観察します。
▶地上の高い建物や木、煙突などを目印にしておくと、雲の動きが観察しやすいです。

46

観察 2 天気と雲の量

❖ 新聞やテレビやインターネットなどを活用して、気象に関する情報を集めて天気を予想します。雲や雨の変化するようすを、雲画像とアメダスの情報から見てみましょう。

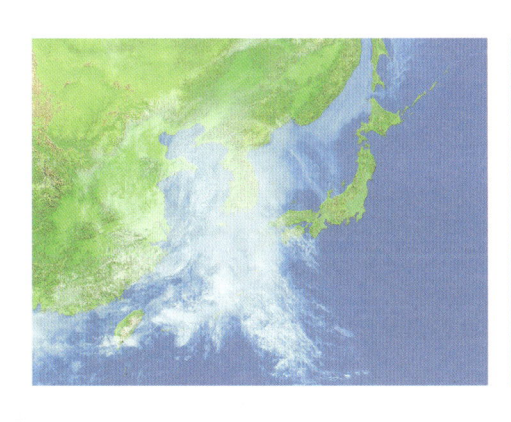

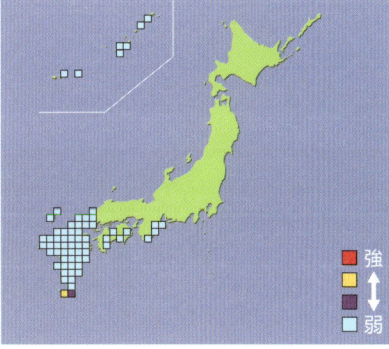

【天気の変化】
①日本付近では、雲は西から東へ動く。
②天気は、西から東へと変化することが多い。
③気象情報をもとに、天気の変化を予想することができる。

この観察のポイント

▶ 5日間くらいの新聞の雲画像を切り取り、ノートなどに貼らせます。雲の動きを連続して見ることで、雲が西から東に向かって動いていることを確認させます。
▶ 毎日、同じ時刻に放送されるテレビの天気予報番組を何日か続けて録画しておき、それを授業の中で見ることで、天気も雲の動きと同じように西から東へと変わっていくことを確認します。

成功のコツ

天気の決め方

「晴れ」または「くもり」の天気は、雲の量で決めています。
空全体を10として、0〜8であれば「晴れ」、9〜10は「くもり」になります。
「雨」または「雪」は、雲の量には関係はありません。雨がふっているときは「雨」、雪がふっているときが「雪」になります。

雲の量…0 　　　雲の量…5 　　　雲の量…10

方位じしんの使い方

①手のひらに方位じしんを水平にして置きます。
②はりが止まったら、ケースを回して色がついているはりの先と北の文字を合わせます。

ポイント

▶ 方位磁針は水平に置くと、針が北と南をさして止まります。色がついている針の先が北をさしています。
▶ 方位磁針の針は磁力に敏感に反応するので、磁石、磁力を帯びた金属、磁気を発する携帯電話などの近くでは、方位磁針を使わないようにします。また、それらのそばに方位磁針を置かないようにします。

第2章 理科重要観察・実験の指導法 5年生

12 天気の変化 — 台風と天気の変化 　〔観察〕

単元の概要

系統別領域 B．生命・地球

第3学年	第4学年	第5学年	第6学年	中　学
(3)太陽と地面の様子 ア　日陰の位置と太陽の動き イ　地面の暖かさや湿り気の違い	(3)天気の様子 ア　天気による1日の気温の変化 イ　水の自然蒸発と結露	(4)天気の変化 ア　雲と天気の変化 イ　天気の変化の予想		ウ　日本の気象 (ア)　日本の天気の特徴 (イ)　大気の動きと海洋の影響

学習のねらい

(4) 天気の変化
　1日の雲の様子を観察したり、映像などの情報を活用したりして、雲の動きなどを調べ、天気の変化の仕方についての考えをもつことができるようにする。
　ア　雲の量や動きは、天気の変化と関係があること。
　イ　天気の変化は、映像などの気象情報を用いて予想できること。

（学習指導要領より）

観察1　台風と天気の変化①（記録）

❖ 台風が近づくようすや天気の変化について調べます。

　実際に台風が近づいているときに、台風の情報を集めてノートにはり、台風のようすを記録をします。台風の前後の何日間かで、新聞から情報を集めます。

> 9月4日　午前9時
> きのうの夜から風が強まり、夜遅くから雨もはげしく降ってきた。
> 大型の台風がきているようだ。

この観察のポイント ▶▶▶▶▶▶▶▶▶▶▶▶

▶ 新聞を入手できない児童のために、新聞記事のコピーを用意しておきます。
▶ 新聞にはどのような情報が載っているかを確認させます（進路予想、予報円など）。必要に応じて、用語などを調べさせたり説明したりします。

観察 2　台風と天気の変化②（資料の集め方）

❖ 台風の雲画像やアメダスの雨量情報を見てみます。インターネットなどを利用すると、雲画像やアメダスの雨量情報を見ることができます。

この観察のポイント

▶ 実際に台風が来たときに新聞の雲画像を調べたり、テレビのニュースや天気予報番組を録画して授業で使ったりすると、児童の台風に対する興味や関心が高まります。

コラム

台風とわたしたちのくらしとの関係

台風による大雨で水不足が解消されることがある一方で、強風や大雨で災害が起きることがあります。
台風とわたしたちのくらしとの関係について考えてみましょう。

・風による被害

強風で倒れた街路樹

・風による被害

強風で被害を受けた果樹園

・大雨による災害

川の水があふれた公園

・水不足が解消される

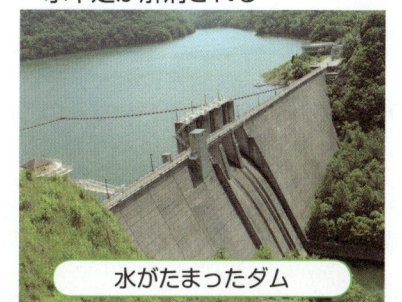

水がたまったダム

第3章 理科重要観察・実験の指導法 6年生

1 ものの燃え方と空気
燃焼の仕組み 〔実験〕

単元の概要

系統別領域 A. 物質・エネルギー

第3学年	第4学年	第5学年	第6学年	中 学
	(1)空気と水の性質 ア　空気の圧縮 イ　水の圧縮		(1)燃焼の仕組み ア　燃焼の仕組み	ア　物質のすがた (ｱ)　身の回りの物質と 　　その性質 (ｲ)　気体の発生と性質

学習のねらい

(1) 燃焼の仕組み
　物を燃やし、物や空気の変化を調べ、燃焼の仕組みについての考えをもつことができるようにする。
　ア　植物体が燃えるときには、空気中の酸素が使われて二酸化炭素ができること。

（学習指導要領より）

道具の使い方

石灰水の使い方

①調べる気体に石灰水を入れて、ふります。
②二酸化炭素があると、石灰水が白くにごります。

【石灰水をあつかうときの注意】
・石灰水は保護めがねをかけてあつかいましょう。
・石灰水が手についてしまったら、すぐに水でよく洗いましょう。
・石灰水は、白くにごったらふるのをやめましょう。

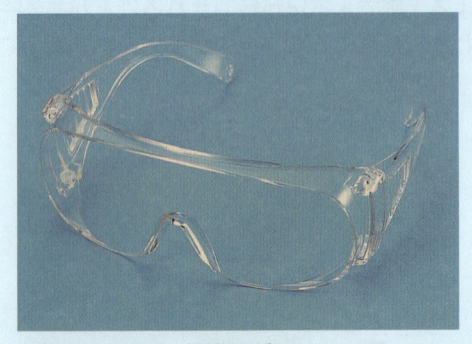

保護めがね

使い方のポイント ▶▶▶▶▶▶▶▶▶▶▶▶▶▶▶▶▶▶▶▶▶▶▶▶▶▶▶▶▶▶▶▶▶▶▶▶▶▶

▶石灰水は水酸化カルシウム$Ca(OH)_2$が飽和した水溶液です。二酸化炭素が石灰水に溶けると、水酸化カルシウムは白色で不溶性の炭酸カルシウム$CaCO_3$になるので、石灰水は白く濁ります。ただし、さらに二酸化炭素を溶かし続けると炭酸カルシウムがさらに二酸化炭素と水に反応して水溶性の炭酸水素カルシウム$Ca(HCO_3)_2$に変わり、白い濁りが消えて透明になります。
▶空気中に石灰水を長時間放置しておくと、空気中の二酸化炭素を吸収して石灰水が白濁して使えなくなります。また、沈殿物が混ざると石灰水の役割をしなくなるので、事前に沈殿物がないか確かめておく必要があります。

実験1 びんの中でろうそくが燃え続ける条件

❖ びんの上と下のすき間のあけ方を変えたときの、ろうそくの燃え方を調べます。
　また、そのときの空気の流れをせんこうのけむりを使って調べます。

実験の準備・道具
・ろうそく　・底のない集気びん　・ふた
・ねん土　・せんこう　・火をつける道具　など

実験の手順
ろうそくに火をつけ、底のない集気びんをかぶせます。

①びんの上と下にすき間がないとき　②びんの上だけにすき間があるとき 　③びんの下だけにすき間があるとき 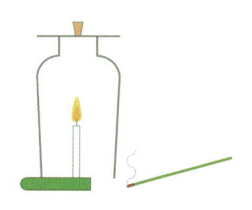　④びんの上と下にすき間があるとき

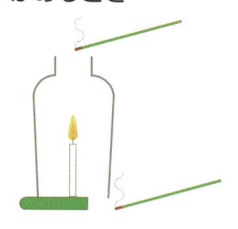

実験の結果　（板書例）

すき間の位置	すき間なし 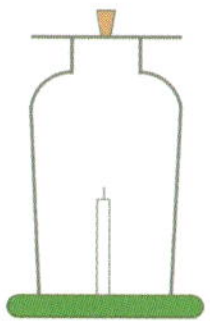	上だけ 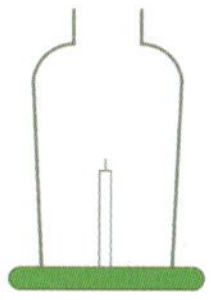	下だけ 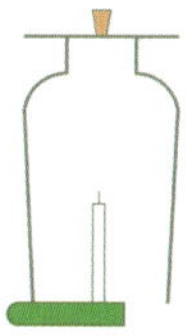	上と下 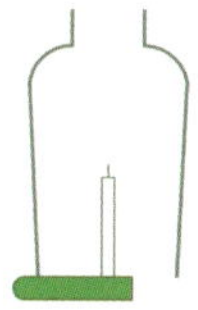
ろうそくの火の変化				
びんの中にけむりが入るか				

◆わかったこと
せんこうのけむりの動きから、集気びんの中のろうそくが燃え続けるためには、新しい空気が必要である。

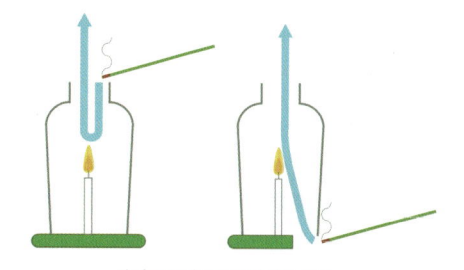

空気の流れを確認する。

この実験のポイント
▶底のない集気びんは、びんの下の部分の強度が他の部分よりも弱いので取り扱いには注意が必要です。使用する前に、割れている部分や欠けている部分がないかを点検するようにします。
▶ガラス製のふたを使うと、熱で割れてしまう可能性があり危険です。そのため、金属製のふたか、アルミニウム箔を巻いた厚紙や木片をふたとして使うようにします。

第3章 理科重要観察・実験の指導法 6年生

実験2 ものを燃やすはたらきのある気体

❖ 酸素、二酸化炭素、ちっ素のそれぞれの中で、ろうそくの燃え方を調べます。

実験の準備・道具

・ろうそく　・集気びん　・ふた　・水そう　・ビニル管　・燃焼さじ
・火をつける道具　・酸素ボンベ　・二酸化炭素ボンベ　・ちっ素ボンベ　など

実験の手順

①水を入れた水そうに集気びんをしずめて、集気びんの中を水で満たします。
②水そうの中に入れたまま、集気びんを逆さにします。
③3種類の気体を集気びんの7〜8分目まで入れ、水を残したまま、ふたをして水そうから取り出します。
④それぞれの集気びんに火のついたろうそくを入れてふたをし、ろうそくの燃え方を調べます。

水 ─ 中の空気をすべて出して容器を水で満たす。

集めた気体 ─ 少しずつ気体を送りこむ。

実験の結果　（板書例）

酸素	二酸化炭素	ちっ素

◆わかったこと

・酸素にはものを燃やすはたらきがある。
・ちっ素や二酸化炭素にはものを燃やすはたらきはない。

この実験のポイント

▶ろうそくが激しく燃えてろうがたれ、熱で集気びんが割れることを防ぐため、必ず集気びんには水を残しておきます。
▶「酸素が燃える」と考える児童がいます。酸素が燃えるのではなく、燃えるのは物（ろうなど）であり、酸素には物を燃やす働き（助燃性）があることを、教科書に書かれている文章をしっかり読むことで、児童に確認させます。

実験 ③ ものが燃えるときの空気の変化①（石灰水を使う）

❖ 石灰水を使って、ものが燃えるときの空気の変化を調べます。

実験の準備・道具
・ろうそく　・集気びん　・ふた　・火をつける道具
・燃焼さじ　・石灰水　・保護めがね　など

実験の手順
① 2本の集気びんに、それぞれ1～2分目まで石灰水を入れます。
② 一方の集気びんにふたをしてふり、石灰水のようすを調べます。
③ もう一方の集気びんに火のついたろうそくを入れ、ふたをします。
④ ろうそくの火が消えたら、ろうそくを取り出し、もう一度ふたをして集気びんをふります。その後、石灰水の変化を調べます。

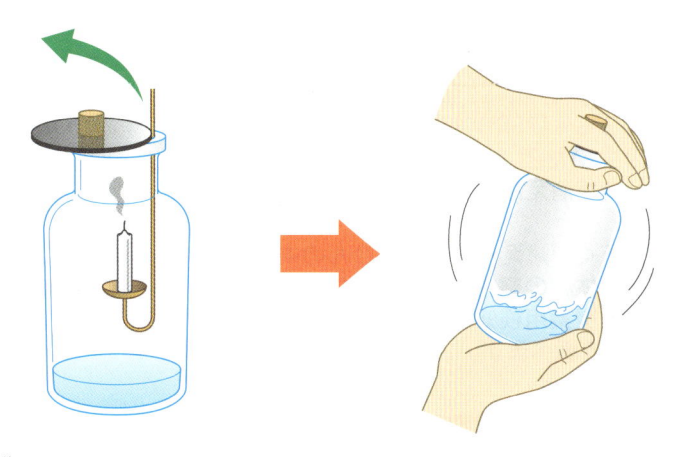

実験の結果　（板書例）

	石灰水のようす
ろうそくが燃える前	
ろうそくが燃えた後	

・ろうそくが燃える前の空気のときは、石灰水は変化がなかった。
・ろうそくが燃えた後の空気のときは、石灰水が白くにごった。

◆わかったこと
ろうそくが燃えた後の空気は、燃える前の空気と比べて、二酸化炭素の割合が多い。

ろうそくが燃える前 　　　　ろうそくが燃えた後

この実験のポイント
▶ ろうそくの火が消えた後、集気びんからろうそくを取り出すときは、集気びんの中の空気の成分が変わらないようにすばやく行います。集気びんを押さえたり、ふたを開け閉めしたりするなど、2～3人で協力して行わせます。
▶ 石灰水を入れた集気びんを振るときは、ふたをしっかりと押さえさせます。激しく振らせる必要はありません。（石灰水の使い方は50ページ）
▶ ろうそくを燃やす前の空気でも、石灰水が少し白くなることがありますが、燃えた後の空気のほうが白く濁るので、その色の差から二酸化炭素の割合の変化をとらえさせるようにします。

第3章 理科重要観察・実験の指導法　6年生

実験 4　ものが燃えるときの空気の変化②（気体検知管を使う）

❖ 気体検知管を使って、ものが燃えるときの空気の変化を調べます。

実験の準備・道具

- ろうそく　・集気びん　・ふた　・火をつける道具　・燃焼さじ　・気体採取器
- 酸素用検知管（6〜24%）　・二酸化炭素用検知管（0.5%〜8%、0.03%〜1%用）　など

実験の手順

① 集気びんの中の気体の体積の割合を、酸素用検知管、二酸化炭素用検知管（0.03%〜1%用）を使って調べます。
② 火のついたろうそくを集気びんに入れ、火が消えたら取り出してふたをします。
③ ろうそくが燃えた後の集気びんの中の気体の体積の割合を、酸素用検知管、二酸化炭素用検知管（0.5%〜8%用）を使って調べます。

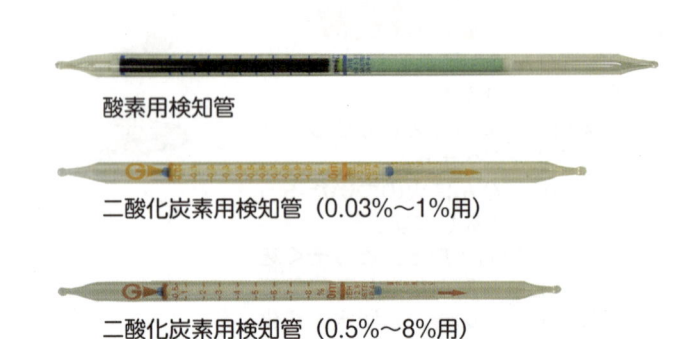

酸素用検知管

二酸化炭素用検知管（0.03%〜1%用）

二酸化炭素用検知管（0.5%〜8%用）

実験の結果　（板書例）

	ろうそくを燃やす前	ろうそくを燃やした後
酸素の割合	％	％
二酸化炭素の割合	％	％

◆わかったこと

ものが燃えるときには、空気中の酸素の一部が使われて、二酸化炭素ができる。

〈参考〉

【ものが燃える前と燃えた後の空気の成分の変化（体積の割合）】

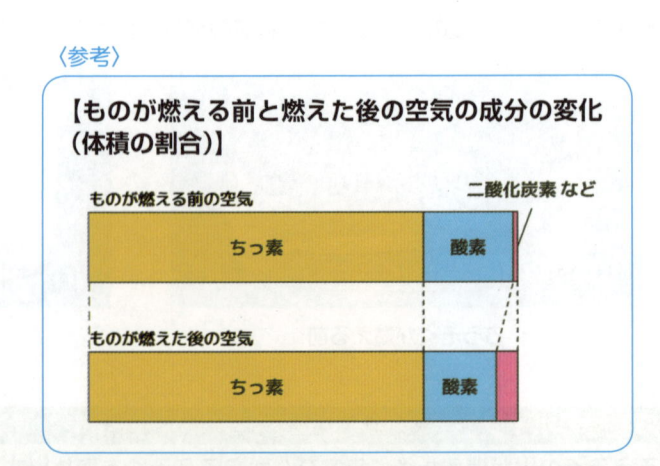

ものが燃える前の空気：ちっ素／酸素／二酸化炭素 など
ものが燃えた後の空気：ちっ素／酸素／

この実験のポイント ▶▶▶▶▶▶▶▶▶▶▶▶▶▶▶▶▶▶▶▶▶▶▶▶▶▶▶▶▶▶▶▶

▶ 二酸化炭素用検知管は最初に0.03〜1%用を使用し、二酸化炭素の割合が1%を超えていて測りきれないことを確認してから0.5%〜8%用を使用するとよいです。（気体検知管の使い方は55ページ参照）

道具の使い方

気体検知管の使い方

気体検知管を使うと、空気中の酸素や二酸化炭素などの体積の割合をはかることができます。

道具の名前

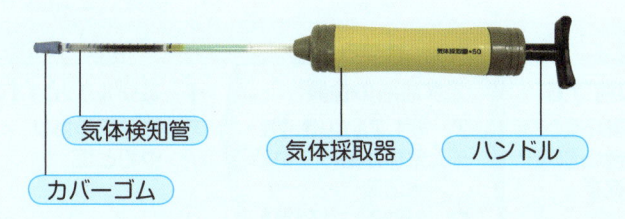

- 気体検知管
- カバーゴム
- 気体採取器
- ハンドル

目もりの読み方

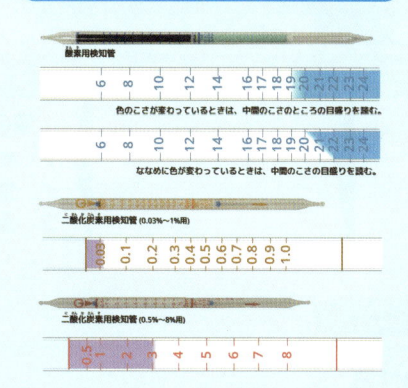

酸素用検知管
- 色のこさが変わっているときは、中間のこさのところの目盛りを読む。
- ななめに色が変わっているときは、中間のこさの目盛りを読む。

二酸化炭素用検知管 (0.03%～1%用)

二酸化炭素用検知管 (0.5%～8%用)

使い方

①気体検知管の両はしを、チップホルダーで折ります。
②気体採取器に気体検知管を差しこみます。
③赤いしるしどうしを合わせてからハンドルを引いて、気体検知管に気体をとりこみます。
④そのままの状態で決められた時間待ってから、色が変わった部分の目もりを読みます。

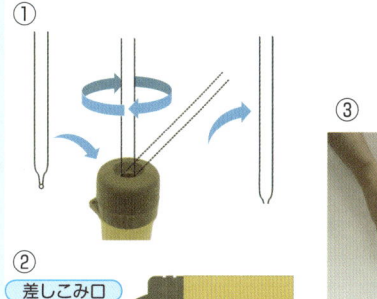

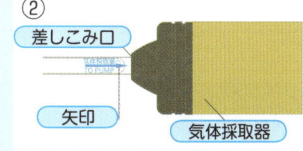

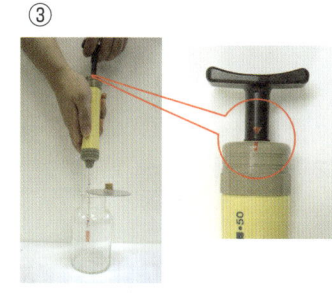

- 差しこみ口
- 矢印
- 気体採取器

使うときの注意

・酸素用検知管は、使用すると熱くなるため、冷えるまで直接さわらないようにします。
・気体検知管を気体採取器に差しこむ方向をまちがえないようにします。
・折った気体検知管の先はとがっていて危険なので、必ずカバーゴムをつけます。

← 気体を吸いこむ方向　　気体採取器に差しこむ方向 →

酸素用検知管

二酸化炭素用検知管 (0.03%～1%用)

二酸化炭素用検知管 (0.5%～8%用)

● 気体検知管を気体採取器に差しこむ方向をまちがえないようにします。

● 折った気体検知管の先はとがっていて危険なので、必ずカバーゴムをつけます。

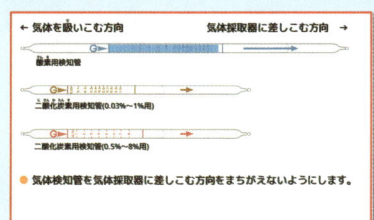

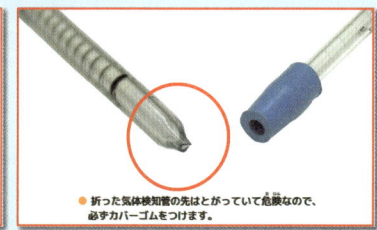

ポイント ▶▶▶▶▶▶▶▶▶▶▶▶▶▶▶▶▶▶▶▶▶▶▶▶▶▶▶▶▶▶▶▶▶▶▶▶▶

▶ 気体検知管は、扱い方によってはけがをする恐れのある器具です。中に入っている試薬は危険であり、気体検知管のガラスの先を確実に折るためにチップホルダーがあります。もし、ガラスの先でない部分が折れたり割れたりしてしまったら、絶対に素手で触れないように児童によく話しておきます。
▶ 気体検知管は高価であり、1回しか使えないことを児童に強調し、扱い方や注意点を確認しておくとよいです。気体検知管を気体採取器に差し込まない状態で、気体採取器のハンドルを引いて固定するやり方を練習してもよいです。
▶ 価格は高いですが、操作が簡単で、酸素と二酸化炭素の濃度を同時に測定できるデジタル気体検知器の利用も考えられます。

第3章　理科重要観察・実験の指導法　6年生

2 水溶液の性質
水よう液の性質

実験

単元の概要

系統別領域　　　　　　　　　　　　　　　　　　　　　　　　A．物質・エネルギー

第3学年	第4学年	第5学年	第6学年	中学
(1)物と重さ ア　形と重さ イ　体積と重さ		(1)物の物の溶け方 ア　物が水に溶ける量の限度 イ　物が水に溶ける量の変化 ウ　重さの保存	(2)水溶液の性質 ア　酸性、アルカリ性、中性 イ　気体が溶けている水溶液 ウ　金属を変化させる水溶液	イ　酸・アルカリとイオン (ア)　酸・アルカリ (イ)　中和と塩

学習のねらい

（2）水溶液の性質
　いろいろな水溶液を使い、その性質や金属を変化させる様子を調べ、水溶液の性質や働きについての考えをもつことができるようにする。
ア　水溶液には、酸性、アルカリ性及び中性のものがあること。
ウ　水溶液には、金属を変化させるものがあること。

（学習指導要領より）

道具の使い方

リトマス紙の使い方

	酸性	中性	アルカリ性
青色リトマス紙	赤色に変わる。	色は変わらない。	色は変わらない。
赤色リトマス紙	色は変わらない。	色は変わらない。	青色に変わる。

実験の準備・道具
リトマス紙、ガラス棒、ピンセットなど

使い方
①ピンセットでリトマス紙を取り出します。
②ガラス棒を使って、水よう液をリトマス紙につけます。
③調べる水よう液を変えるときは、必ずガラス棒を水で洗います。

使い方のポイント
▶リトマス紙を手で扱うと色が変化してしまうことがあるので、リトマス紙は必ずピンセットで扱うようにします。

実験 1　リトマス紙を使った水よう液の仲間分け

❖ リトマス紙を使って、水よう液を酸性・中性・アルカリ性に仲間分けします。

実験の準備・道具
・4つの水よう液（炭酸水・うすい塩酸・うすいアンモニア水・食塩水）
・リトマス紙　・ガラス棒　・試験管　・保護めがね　・ピンセット　など

実験の手順
①青色と赤色のリトマス紙をはりつけた記録表を作ります。
②調べる水よう液にガラス棒をひたし、青色と赤色のリトマス紙に水よう液をつけます。それぞれの水よう液について、リトマス紙の色の変化を記録します。

実験の結果　（板書例）　※書き方は56ページの表を参照

水よう液	炭酸水	塩酸	アンモニア水	食塩水
青色のリトマス紙	青→赤	青→赤	青	青
赤色のリトマス紙	赤	赤	赤→青	赤

この実験のポイント
▶ ガラス棒に水溶液をつけたら、その都度ガラス棒を水で洗い、乾いた布で拭くようにします。（リトマス紙の使い方は56ページ）
▶ リトマス紙は枚数がたくさん必要になるので、半分に切ってから使用するとよいです。

実験 2　塩酸にとけた金属の性質①（金属に塩酸を注ぐ）

❖ アルミニウムや鉄に塩酸を注いだときのようすを調べます。

実験の準備・道具
・塩酸　・アルミニウム　・鉄（スチールウール）　・試験管
・スポイト　・保護めがね　など

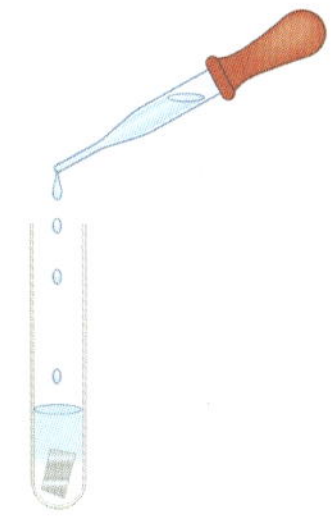

実験の手順
①アルミニウムに塩酸を注いで、アルミニウムや液のようすを調べます。
②スチールウールに塩酸を注いで、スチールウールや液のようすを調べます。

実験の結果
塩酸を注ぐと、アルミニウムやスチールウールはあわを出してとける。

◆わかったこと
塩酸には、アルミニウムや鉄などの金属をとかすはたらきがある。

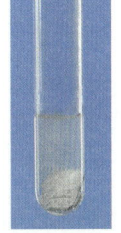

この実験のポイント
▶ アルミニウムは空気と反応してできた酸化アルミニウムで表面が覆われているので、反応するまでに時間がかかることがあります。実験の直前に紙やすりなどでアルミニウムの表面を磨くとよいです。小さく切って磨いたアルミニウム箔4〜5枚で実験してもよいでしょう。
▶ 塩酸は水で薄めて使用します。（水3に濃塩酸1を加える）
▶ 実験中は気体（水素）が発生するので、火気に注意しましょう。
▶ 反応している間は、試験管が熱くなります。

第3章　理科重要観察・実験の指導法　6年生

実験3　塩酸にとけた金属の性質②（液を蒸発させる）

❖ 塩酸にとけたアルミニウムの性質を調べます。

実験の準備・道具

・塩酸　・アルミニウム　・鉄（スチールウール）　・試験管　・金あみ
・スポイト　・保護めがね　・蒸発皿　・実験用ガスコンロ　など

実験の手順

①塩酸にアルミニウムがとけた液をスポイトで少量取り出し、熱して液を蒸発させます（スチールウールがとけた液で調べてもよい）。
②熱して出てきた固体を塩酸に入れて、ようすを調べます。

金属がとけた液

実験の結果

液を蒸発させて出てきたものは、塩酸にとけたが、あわは出なかった。
もとのアルミニウムとは性質がちがっている。

◆わかったこと

水よう液には、金属を別のものに変えるものがある。

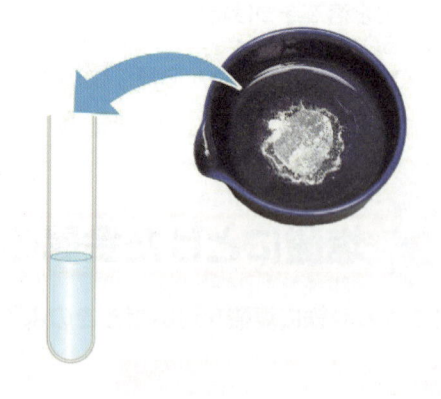

この実験のポイント

▶ 液を取り出すときは、上澄み液をスポイトで採るようにさせます（試験管に沈んでいるものを吸いこまないようにさせます）。
▶ 蒸発皿は色つきのものを使うと、析出したものが見やすいです。
▶ 蒸発皿に入れる液を少量にすると、短時間で実験結果が得られます。
▶ 液が飛びはねることがあるので、加熱中は蒸発皿に顔を近づけないようにします。また、換気にも気をつけます。
▶ 加熱後の蒸発皿はとても熱くなっているので、十分に注意させます。
▶ 塩酸にアルミニウムが溶けた液を加熱するときは、弱火で行います。蒸発皿に液が残っている状態で火を止めて、後は余熱で乾かします。
▶ 塩酸に鉄（スチールウール）が溶けた液で調べることもできます。蒸発皿に残った黄色いものは塩化鉄で、塩酸に溶けますが泡は出ません。また、磁石につきません。
▶ 蒸発皿に残ったものを塩酸に入れたときの様子のほかに、見た目（色やつや）についても元のアルミニウムと比較させるとよいでしょう。
▶ 5年生の「物の溶け方」では食塩水に溶けた食塩を取り出すことができましたが、この実験では、元のアルミニウムとは別の性質のものに変化していることをとらえさせます。

道具の使い方

薬品のあつかい方

薬品や水よう液をあつかうときは、保護めがねを使う。

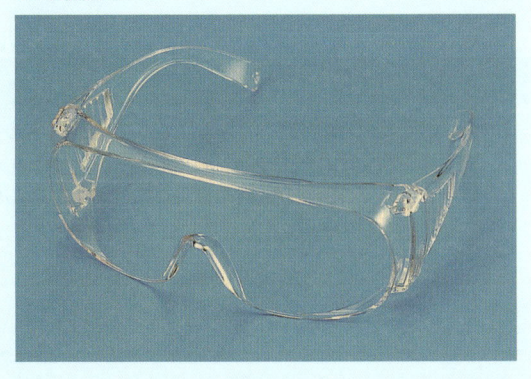

気体を発する水よう液を扱うときは、かん気をする。

液を熱しているときは、気体が発生したり、はねたりすることがあるので、顔を近づけないようにする。

水よう液を混ぜ合わせると有害なものができる場合がある。水よう液どうしは混ぜないようにする。

水よう液は直接手でふれないようにする。あやまって手についたときは、大量の水で洗う。

使い方のポイント ▶▶▶▶▶▶▶▶▶▶▶▶

▶眼の病気予防のため、保護めがねは必要に応じてアルコール綿で拭くなど、消毒をしておきます。

第3章 理科重要観察・実験の指導法 6年生

3 てこの規則性
てこのきまり　　実験

単元の概要

系統別領域
A．物質・エネルギー

第3学年	第4学年	第5学年	第6学年	中　学
(2)風やゴムの働き ア　風の働き イ　ゴムの働き		(2)振り子の運動 ア　振り子の運動	(3)てこの規則性 ア　てこのつり合いと重さ イ　てこのつり合いの規則性 ウ　てこの利用	イ　力学的エネルギー (ア)　仕事とエネルギー (イ)　力学的エネルギーの保存

学習のねらい

（3）てこの規則性
　てこを使い、力の加わる位置や大きさを変えて、てこの仕組みや働きを調べ、てこの規則性についての考えをもつことができるようにする。
ア　水平につり合った棒の支点から等距離に物をつるして棒が水平になったとき、物の重さは等しいこと。
イ　力を加える位置や力の大きさを変えると、てこを傾ける働きが変わり、てこがつり合うときにはそれらの間に規則性があること。
ウ　身の回りには、てこの規則性を利用した道具があること。

（学習指導要領より）

実験1　てこのしくみ

❖ てこを利用して、重いものを持ち上げます。

実験の準備・道具
・金属の棒（または木の棒）　・支点　・おもり（水を入れたペットボトルなど）
・台　・支点を固定するもの　・ポリエチレンのふくろ　など

実験の手順
① 力点、支点、作用点の位置を決めて、おもりを持ち上げます。
② 支点の位置は変えないで、作用点や力点の位置をいろいろと変えて、手ごたえのちがいを調べます。

作用点：ぼうがものにふれて、力をはたらかせているところ
支点：ぼうを支えているところ
力点：ぼうに力を加えているところ
しっかりとにぎる。
おもり

この実験のポイント
▶ おもりが外れたり、支点がずれて棒が外れたりすると危険なので、注意します。また、棒が折れることも考えられるので、丈夫な棒を使うようにします。事前に予備実験を行い、安全に実験ができるようにしておくとよいです。
▶ 中心を支点として、力点や作用点の位置（ア、イ、ウ）に印をつけた棒を班ごとに用意しておきます。
▶ 全員が十分に体験できるよう、班の数だけ準備するようにします。

実験 ❷ 力点や作用点の位置を変えたときの手ごたえのちがい

❖ 実験するときの条件を確認して、力点や作用点の位置を変えたときの手ごたえのちがいを調べます。

【力点の位置を変える】

実験の手順
①同じ間かくに印をつけた棒で、作用点の位置を決めておもりを下げます。
②支点に近い「ア」の位置を力点にして、棒が水平になるように押します。
③力点の位置を「ア」→「イ」、「イ」→「ウ」のように支点から遠ざけていき、手ごたえを調べて記録します。

変える条件	力点の位置
変えない条件	支点の位置、作用点の位置

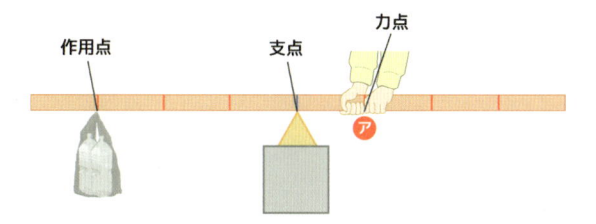

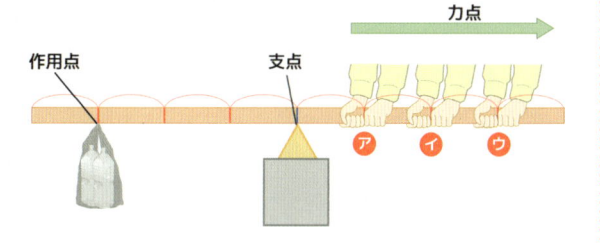

実験の結果
力点を支点から遠ざけるほど、手ごたえは小さくなった。

◆わかったこと
力点と支点のきょりを長くすると、小さな力でおもりを持ち上げることができる。

【作用点の位置を変える】

実験の手順
①作用点「ア」の位置におもりを下げます。
②力点の位置を決めて棒を押し、棒を水平にします。
③作用点の位置を「ア」→「イ」、「イ」→「ウ」のように支点に近づけていき、手ごたえを調べて記録します。

変える条件	作用点の位置
変えない条件	支点の位置、力点の位置

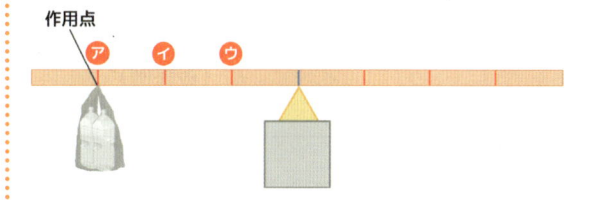

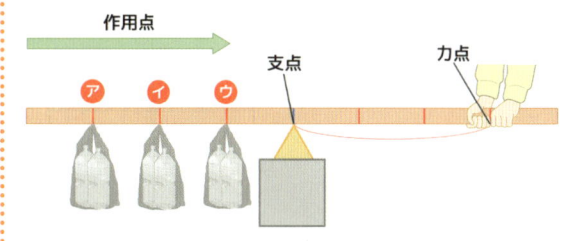

実験の結果
作用点を支点に近づけるほど、手ごたえは小さくなった。

◆わかったこと
支点と作用点のきょりを短くするほど、小さな力でおもりを持ち上げることができる。

この実験のポイント ▶▶▶▶▶▶▶▶▶▶▶▶▶▶▶▶▶▶▶▶▶▶▶▶▶▶▶▶▶▶▶▶▶▶▶▶▶▶▶

▶ 手ごたえを調べたら、「力点（作用点）が支点に近くなると、手ごたえがどうなるか」「力点（作用点）が支点から遠くなると、手ごたえがどうなるか」という表現で記録させます。
▶ 条件制御を意識させます。

第3章 理科重要観察・実験の指導法 6年生

実験 3 てこが水平につり合う条件

❖ 実験用てこを使って、てこが水平につり合う条件を調べます。

実験の準備・道具
- 実験用てこ
- おもり（10gの分銅） など

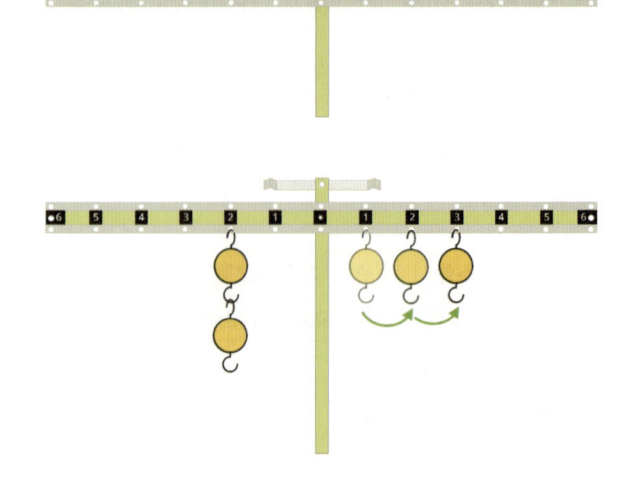

実験の手順
① 実験用てこの左のうでの目もり2に、おもりを2個つるします。
② 右のうでの目もり1におもりを1個つるして、てこがつり合うか調べます。
③ 右のうでのおもりの位置を、目もり1から目もり2のように、1ずつ移動させて、水平につり合うところを見つけます。
④ 左のうでにつるすおもりの重さと位置を変えて、②〜③のように、てこが水平につり合う場合を見つけます。

実験の結果 （板書例）

左のうで

重さ	目もり
g	2

右のうで

重さ	目もり	つり合ったか
g	1	
	2	
	3	
	4	
	5	
	6	

◆わかったこと
- おもりの重さと支点からのきょりの関係には規則性がある。
- 「おもりの重さ×支点からのきょり」が左右のうでで等しいときに、てこがつり合う。

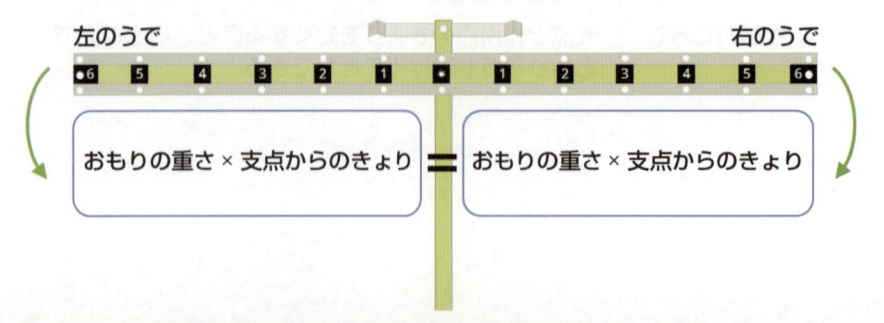

左のうで　　　　　　　　右のうで

おもりの重さ×支点からのきょり ＝ おもりの重さ×支点からのきょり

この実験のポイント
▶ 班ごとに、実験用てこが水平につり合ったときの条件（左のうでにつるしたおもりの重さと支点からの距離・右のうでにつるしたおもりの重さと支点からの距離）を全て表にまとめて板書します。児童に表を見て気づいたことを発言させ、実験用てこが水平につり合うときの、左右のおもりの重さと支点からの距離の規則性を見つけさせます。

実験 ④ てこを利用した道具

❖ てこを利用した道具の支点・力点・作用点を見つけ、道具のしくみとはたらきを調べます。

実験の準備・道具
・くぎぬき（バール）　・せんぬき　・パンばさみ　などのてこを利用した道具

実験の手順
① くぎぬき（バール）の支点・力点・作用点を調べます。
② せんぬきの支点・力点・作用点を調べます。
③ パンばさみの支点・力点・作用点を調べます。

実験の結果

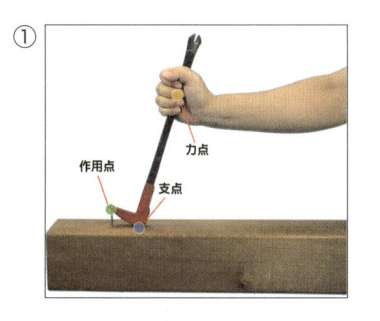

①
支点が力点と作用点の間にあるてこ
作用点　支点　力点

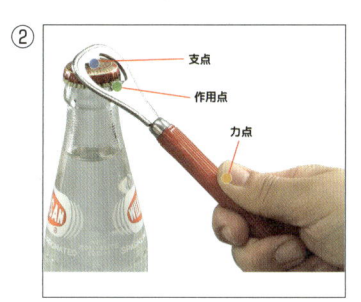

②
作用点が力点と支点の間にあるてこ

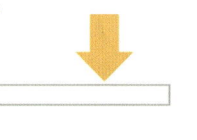

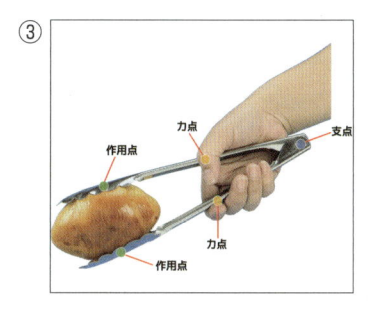

③
力点が支点と作用点の間にあるてこ

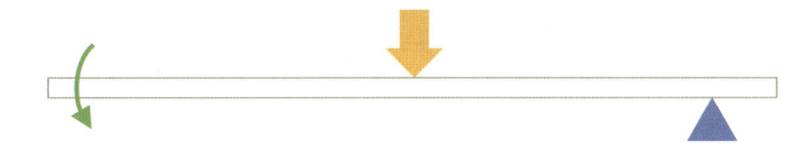

◆わかったこと
・身のまわりには、てこのはたらきを利用した道具がたくさんある。
・道具によって、支点、力点、作用点の位置がちがう。

この実験のポイント ▶▶▶▶▶▶▶▶▶▶▶▶▶▶▶▶▶▶▶▶▶▶▶▶▶▶▶▶▶▶▶▶▶

▶ くぎぬき、せんぬき、パンばさみの他にも、てこを利用した道具は身のまわりにたくさんあります。てこを利用した道具を探し、それぞれの支点・力点・作用点の位置を調べるようにします。また、その道具をどのように使うと、どんなことが便利になるのかを児童に考えさせるとよいです。

第3章　理科重要観察・実験の指導法 6年生

4 電気の利用

電気の利用　実験

単元の概要

系統別領域　　　　　　　　　　　　　　　　　　　　　　A．物質・エネルギー

第3学年	第4学年	第5学年	第6学年	中　学
(5)電気の通り道 ア　電気を通すつなぎ方 イ　電気を通す物	(3)電気の働き ア　乾電池の数とつなぎ方 イ　光電池の働き	(3)電流の働き ア　鉄心の磁化、極の変化 イ　電磁石の強さ	(4)電気の利用 ア　発電・蓄電 イ　電気の変換 ウ　電気による発熱 エ　電気の利用	ア　エネルギー (ア)　様々なエネルギーとその変換 (イ)　エネルギー資源

学習のねらい

（4）電気の利用
　手回し発電機などを使い、電気の利用の仕方を調べ、電気の性質や働きについての考えをもつことができるようにする。
　ア　電気は、つくりだしたり蓄えたりすることができること。
　イ　電気は、光、音、熱などに変えることができること。
　ウ　電熱線の発熱は、その太さによって変わること。

（学習指導要領より）

実験1　手回し発電機を使った発電

❖ 手回し発電機のハンドルを回して、電気をつくります。

実験の準備・道具
・手回し発電機　・モーター
・豆電球　・発光ダイオード　など

実験の手順
手回し発電機に、豆電球や発光ダイオードをつないでハンドルを回し、明かりがつくか調べる。

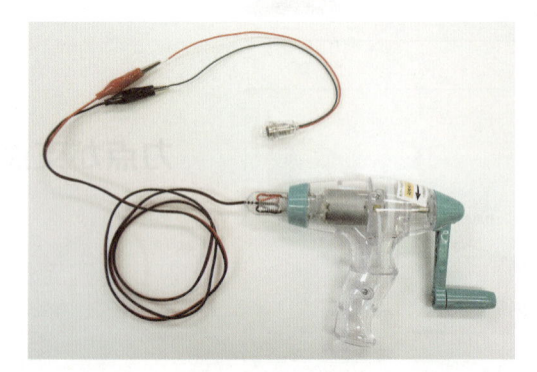

この実験のポイント

▶ 手回し発電機のハンドルを回すと、手回し発電機の中に入っているモーターの軸が回転することを確認します。また、ハンドルを逆に回すと、中のモーターの軸も逆に回ることに気づかせます。流れる電流の向きが逆になるのです。（使い方は67ページ）

▶ 発光ダイオードには極性があり、手回し発電機の＋極と発光ダイオードの＋極、手回し発電機の－極と発光ダイオードの－極をつなぐようにします。逆につなぐと、発光ダイオードは光りません。

▶ 豆電球は、手回し発電機のハンドルをどちらの向きに回しても光ります。発光ダイオードは＋極と－極が決まっているので、光りません。

▶ 手回し発電機で豆電球と発光ダイオードを点灯させるとき、発光ダイオードのほうが回すハンドルの手ごたえが小さいことに気づかせます。このことから、「発光ダイオードは少しの電気でも光るのではないか」と児童に考えさせ、実験2につなげます。

実験 2　コンデンサーにためた電気の利用

❖ 豆電球と発光ダイオードでは、使われる電気の量がちがうか調べます。

実験の準備・道具
・手回し発電機　・コンデンサー　・豆電球　・ソケット
・発光ダイオード　・ストップウォッチ　など

実験の手順
①手回し発電機にコンデンサーをつなぎ、ハンドルを30回ほど一定の速さで回します。
②コンデンサーに豆電球をつなぎ、明かりがついている時間を調べます。
③手回し発電機のハンドルを①と同じ回数と速さで回し、コンデンサーに電気をためます。
④コンデンサーに発光ダイオードをつないで、明かりがついている時間を調べ、豆電球のときと比べます。

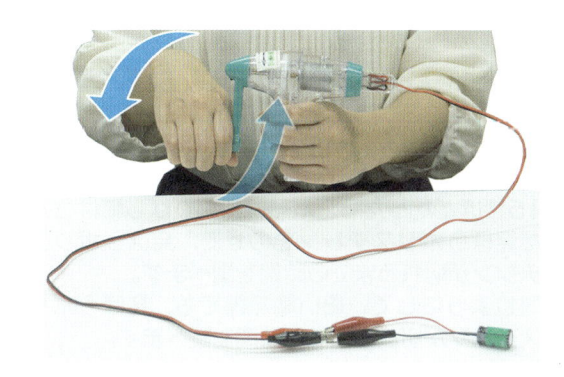

実験の結果
豆電球より、発光ダイオードのほうが、明かりがついている時間が長い。

豆電球に明かりがついている時間	発光ダイオードに明かりがついている時間
分　　　秒	分　　　秒

◆わかったこと
豆電球と発光ダイオードでは、発光ダイオードのほうが、明かりをつけるのに使う電気の量は少ない。

この実験のポイント
▶コンデンサーには極性があるので、コンデンサーの＋端子と手回し発電機の＋極、コンデンサーの－端子と手回し発電機の－極をつなぐようにします。
▶手回し発電機のハンドルを一定の速さで同じ回数回すことで、コンデンサーに蓄える電気の量を豆電球と発光ダイオードで同じにします。
▶発光ダイオードは少しの電気で長く点灯することから、発光ダイオードの使用は電気の有効利用につながることやいろいろなものに利用されていることを児童に考えさせます。
▶コンデンサーに電気をためる前に、あらかじめコンデンサーの中の電気の量を空にしておきます。（コンデンサーに豆電球をつないで、電気を使いきります。）
▶発光ダイオードは長く点灯します。豆電球が点灯していた時間との差がはっきりと出たところで、実験を終了させてかまいません。実験結果は「3分以上」などと記入させるとよいでしょう。

第3章 理科重要観察・実験の指導法 6年生

実験3 電熱線の発熱

❖ 電熱線の太さによって、発熱のしかたにちがいがあるか調べます。

実験の準備・道具
・電源装置（またはかん電池）　・電熱線（直径0.2mm、0.4mmのもの）
・発ぽうポリスチレン　・カッターマット　・割りばし
・ストップウォッチ　・クリップつきどう線　など

実験の手順
①発ぽうポリスチレンの板を用意します。電熱線と電源装置をつないで、回路をつくります。
②電源装置の「かん電池 2個分」のボタンを押して、太い電熱線に電流を流します。
③15秒ほどたったら、電熱線に割りばしにはさんだ発ぽうポリスチレンをのせて、発ぽうポリスチレンが切れるまでの時間を調べます。
④同じようにして、細い電熱線でも、発ぽうポリスチレンが切れるまでの時間を調べます。

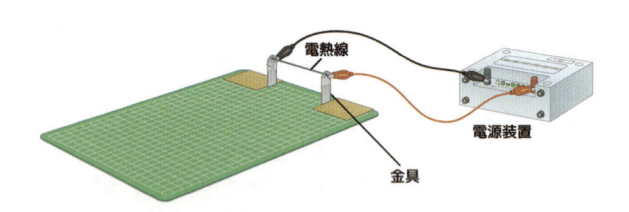

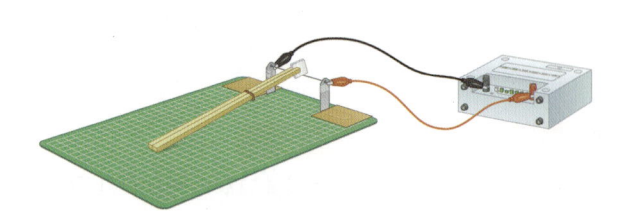

実験の結果　（板書例）

	1回目	2回目	3回目
太い電熱線 （0.4mm）	秒	秒	秒
細い電熱線 （0.2mm）	秒	秒	秒

◆わかったこと
・電熱線に電流を流したときの発熱のしかたは、電熱線の太さによってちがう。
・太い電熱線のほうが、発熱が大きい。

この実験のポイント
▶電源装置や充電式電池を利用し、できる限り電圧を一定に保って実験をしないと正しい結果が得られないことがあります。（電源装置の使い方は67ページ）
▶必ず、電熱線が温まってから、発泡ポリスチレンの板を乗せるようにします。スイッチを入れたすぐ後に乗せてしまうと、正しい結果が得られないことがあります。
▶発泡ポリスチレンが切れたら、電源装置のスイッチを切るようにします。

道具の使い方

手回し発電機の使い方

部分の名前
- ＋(プラス)極
- －(マイナス)極
- モーター
- ハンドル

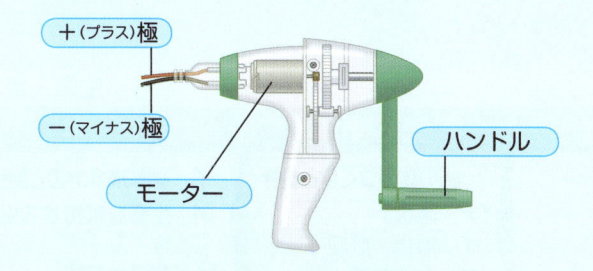

道具の使い方
ハンドルを回す方向を決めて、一定の速さで回します。ハンドルを回す向きを変えると、電流の向きが変わります。
ハンドルの回る速さを変えると、電流の大きさが変わります。
実験を行うときは、ハンドルを回す向きや速さ、回す回数を決めて回します。

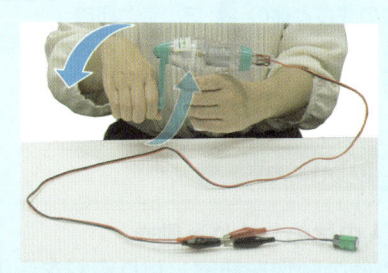

道具を使うときの注意点
ハンドルを速く回しすぎないようにします。
歯車がこわれたり、豆電球のフィラメントが切れたりすることがあります。

使い方のポイント
▶ 手回し発電機を使うときに、力まかせにハンドルを回したり、ハンドルを急に止めたりして手回し発電機を壊してしまうことがないように、正しいハンドルの回し方を指導します。
▶ コンデンサーに電気をためた後は、すぐに取り外します。つないだままだとせっかくためた電気で手回し発電機のハンドルが回ってしまい、電気が使われてしまいます。

道具の使い方

電源装置の使い方

部分の名前
- ＋端子
- －端子
- スイッチ

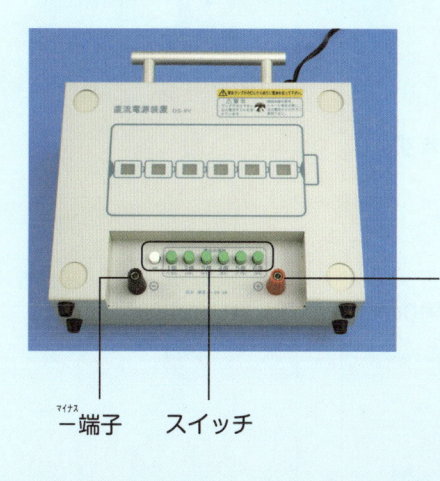

道具の使い方
① 電源装置のスイッチが入っていないことを確認します。
② ＋端子、－端子に回路からの導線をつなぎます。
③ かん電池の数に合わせて、スイッチを入れます。
④ 実験が終わったら「切」のスイッチをおします。

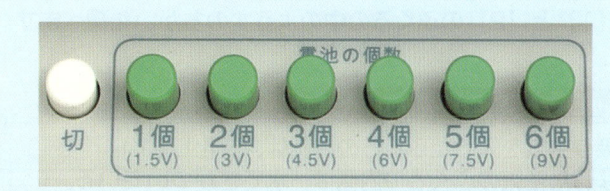

電池の個数
- 切
- 1個（1.5V）
- 2個（3V）
- 3個（4.5V）
- 4個（6V）
- 5個（7.5V）
- 6個（9V）

使い方のポイント
▶ 電源装置を使うと、流したい強さの電流を安定して流すことができます。「1個」のスイッチを押すと、乾電池1個分（1.5V）、「2個」のスイッチを押すと直列つなぎの乾電池2個分（3V）の強さの電流が流れます。
▶ 電源装置が壊れてしまうので、電源装置の＋端子と－端子を導線でつなぐことは絶対にしないようにします。
▶ 警告ランプがついたら、すぐに電源のスイッチを切るようにします。

第3章 理科重要観察・実験の指導法 6年生

5 人の体のつくりと働き
吸う空気とはいた空気のちがい 〔実験〕

単元の概要

系統別領域
B. 生命・地球

第3学年	第4学年	第5学年	第6学年	中学
(1)昆虫と植物 ア 昆虫の成長と体のつくり イ 植物の成長と体のつくり	(1)人の体のつくりと運動 ア 骨と筋肉 イ 骨と筋肉の働き		(1)人の体のつくりと働き ア 呼吸 イ 消化・吸収 ウ 血液循環 エ 主な臓器の存在	イ 動物の体のつくりと働き (ア) 生命を維持する働き (イ) 刺激と反応

学習のねらい

（１） 人の体のつくりと働き
　人や他の動物を観察したり資料を活用したりして、呼吸、消化、排出及び循環の働きを調べ、人や他の動物の体のつくりと働きについての考えをもつことができるようにする。
　ア　体内に酸素が取り入れられ、体外に二酸化炭素などが出されていること。

（学習指導要領より）

実験1 ふくろの中のようすで調べる

❖ 吸う空気とはいた空気をふくろに入れて、中のようすにどのようなちがいがあるのかを調べます。

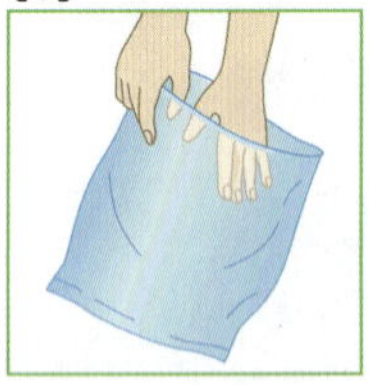

実験の準備・道具
・ポリエチレンのふくろ

[1]　[2]

実験の手順
①ポリエチレンのふくろを2つ用意します。
②［1］のふくろには、吸う空気（まわりの空気）を入れて、口をしめます。
③［2］のふくろには、はいた空気を入れて、口をしめます。
④［1］と［2］のふくろの中のようすのちがいを調べます。

実験の結果
・吸う空気を入れたふくろの内側は、変化しない。
・はいた空気のふくろの内側は、水てきがついている。

［1］吸う空気（まわりの空気）　　［2］はいた空気

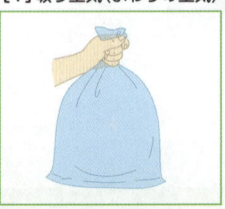

◆わかったこと
はいた空気には、水蒸気が多くふくまれている。

この実験のポイント ▶▶▶▶▶▶▶▶▶▶▶▶▶▶▶▶▶▶▶▶
▶透明なポリエチレンの袋を使うと、袋の内側に水滴のついている様子がよくわかります。

実験 2 　石灰水で調べる

❖ 石灰水を使って、吸う空気とはいた空気にどのようなちがいがあるのかを調べます。

実験の準備・道具
・ポリエチレンのふくろ　・石灰水　・ろうと　・保護めがね

実験の手順
①ポリエチレンのふくろを2つ用意します。
②［3］のふくろには、吸う空気（まわりの空気）を入れて、口をしめます。
③［4］のふくろには、はいた空気を入れて、口をしめます。
④ろうとを使って、［3］と［4］に同じ量の石灰水を入れます。ふくろをしっかり持ってふり、石灰水の変化を調べます。

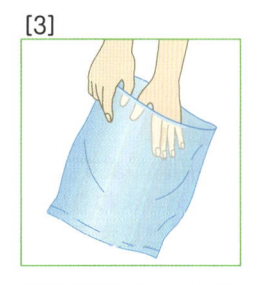

実験の結果　（板書例）

	石灰水のようす
吸う空気（まわりの空気）	
はいた空気	

［3］吸う空気（まわりの空気）　　［4］はいた空気

◆わかったこと
・吸う空気のふくろの中の石灰水は変化しない。
・はいた空気のふくろの中の石灰水は白くにごる。
・はいた空気には、吸う空気より、二酸化炭素が多くふくまれている。

この実験のポイント ▶▶▶▶▶▶▶▶▶▶▶▶▶▶▶▶▶▶▶▶▶▶▶▶▶▶▶▶▶▶▶▶▶▶▶▶

▶石灰水の色の変化をとらえるために、透明なポリエチレンの袋を使うとよいです。
▶石灰水が古いと、二酸化炭素に反応しないことがあります。石灰水が二酸化炭素に反応して白濁するか、予備実験で確かめておきます。（石灰水の使い方は50ページ）
▶吸う空気でも、石灰水に白濁が見られることがありますが、吐いた空気のほうが白く濁るので、その色の差から二酸化炭素の割合の変化をとらえるようにさせます。
▶肺を通さずに、口に空気をためてそのまま吐き出してしまうと、石灰水が白く濁りません。一度、息を吐き出してから空気を大きく吸ったり、口を閉じて鼻から空気を取り入れたりするように指導します。

第3章 理科重要観察・実験の指導法 6年生

実験 3 気体検知管で調べる

❖ 気体検知管（酸素用／二酸化炭素用）を使って、吸う空気とはいた空気にどのようなちがいがあるのかを調べます。

実験の準備・道具
・ポリエチレンのふくろ
・気体検知管（酸素用／二酸化炭素用）
・気体採取器　・モール

気体採取器

酸素用検知管

二酸化炭素用検知管（0.03％～1％用）

二酸化炭素用検知管（0.5％～8％用）

実験の手順
① ポリエチレンのふくろを2つ用意します。
② ［5］のふくろには、吸う空気（まわりの空気）を集めて入れて、口をモールでとじます。
③ ［6］のふくろには、はいた空気を入れて、口をモールでとじます。
④ ［5］と［6］のふくろの中の空気にふくまれている酸素と二酸化炭素の体積の割合を、気体検知管で調べます。

［5］吸う空気（まわりの空気）　　　　［6］はいた空気

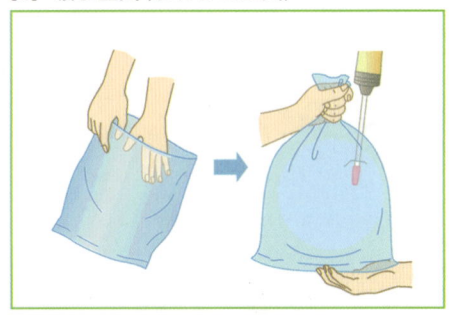

実験の結果　（板書例）

	吸う空気の割合	はいた空気の割合
酸　素	％	％
二酸化炭素	％	％

◆わかったこと
・吸う空気とはいた空気を比べると、はいた空気は、二酸化炭素が増えていて、酸素が減っている。
・人は、呼吸によって体内に酸素を取り入れ、体外に二酸化炭素を出す。

この実験のポイント ▶▶▶▶▶▶▶▶▶▶▶▶▶▶▶▶▶▶▶▶▶▶▶▶▶▶▶▶▶▶▶▶

▶ 酸素用検知管は反応すると熱くなるので、冷えるまで直接触らないように注意します。（気体検知管の使い方は55ページ）
▶ 気体検知管の目盛りの読み方は児童にとって難しいので、実験をする前に目盛りの読み方を確認しておくとよいです。
▶ 吐いた空気には酸素が全くないと考える児童もいるので、吸う空気と比べて吐いた空気では含まれている酸素の割合が減っていることを理解させます。

資料

肺とそのはたらき

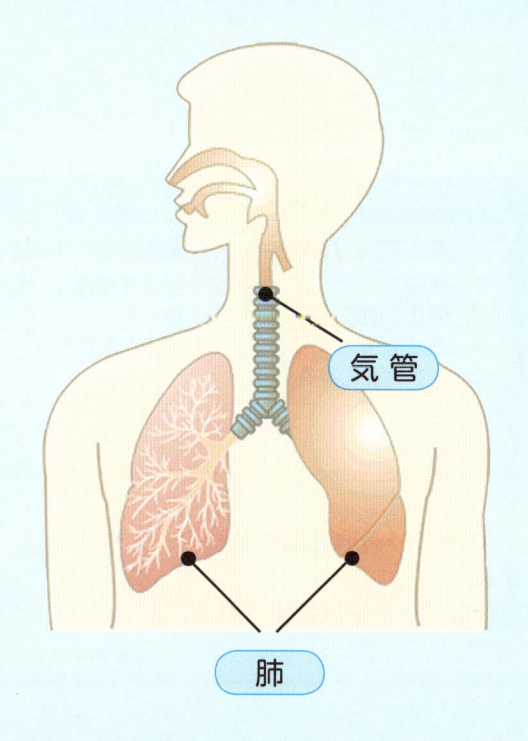

口や鼻から吸った空気は、[気管]を通って肺に入ります。肺には[血管]が通っていて、吸った空気の中の[酸素]の一部は、[肺]で血液中に取り入れられます。また、血液中の[二酸化炭素]は、はく空気の中に出されて、口や鼻から出ていきます。

[気管]
[肺]

資料

消化器とそのはたらき

消化管	消化液	はたらき
[口]	[だ液]	でんぷんを消化します。
[食道]		食べ物を胃に送ります。
[胃]	[胃液]	食べ物を消化します。
[小腸]	[腸液]	養分と水分を吸収します。
[大腸]		水分を吸収します。
[こう門]		便として体の外に出します。

第1章 5・6年生理科の指導のポイント

第2章 理科重要観察・実験の指導法 5年生

第3章 理科重要観察・実験の指導法 6年生

第4章 ICTを活用した資料提示のコツ

第5章 「理科教材」の活用法

71

第3章　理科重要観察・実験の指導法　6年生

6 人の体のつくりと働き
だ液による食べ物の変化

実験

単元の概要

系統別領域　　　　　　　　　　　　　　　　　　　　　　　　　　　　B. 生命・地球

第3学年	第4学年	第5学年	第6学年	中学
(1)昆虫と植物 ア　昆虫の成長と体のつくり イ　植物の成長と体のつくり	(1)人の体のつくりと運動 ア　骨と筋肉 イ　骨と筋肉の働き		(1)人の体のつくりと働き ア　呼吸 イ　消化・吸収 ウ　血液循環 エ　主な臓器の存在	イ　動物の体のつくりと働き (ア)　生命を維持する働き (イ)　刺激と反応

学習のねらい

（1）人の体のつくりと働き
　人や他の動物を観察したり資料を活用したりして、呼吸、消化、排出及び循環の働きを調べ、人や他の動物の体のつくりと働きについての考えをもつことができるようにする。
イ　食べ物は、口、胃、腸などを通る間に消化、吸収され、吸収されなかった物は排出されること。

（学習指導要領より）

実験1　乳ばちと乳棒でご飯つぶをつぶす

❖ ご飯は、口の中でどのように変化するのかを調べます。

実験の準備・道具
・乳ばち　・乳棒　・ご飯つぶ（でんぷん）　・スポイト　・ストロー
・試験管　・ビーカー　・湯（40℃くらい）　・ヨウ素液

実験の手順
①乳ばちにご飯つぶを2〜3つぶ入れます。10mLの湯を足して、ご飯つぶの形がなくなるまで乳棒でつぶします。
②すりつぶしたものを、2本の試験管に2mLずつ入れます。
③1本の試験管［1］には、ストローでとっただ液を加えてよくかき混ぜます。もう1本［2］には何も加えません。
④湯（40℃くらい）を入れたビーカーの中に、［1］と［2］の試験管を入れます。
⑤5分ほどたったら、ヨウ素液を入れて反応を調べます。

◆わかったこと
ご飯つぶとだ液をまぜたものは、ヨウ素液の色が変化しなかった。
ご飯つぶと水をまぜたものは、ヨウ素液が青むらさき色になった。

（実験のポイントは73ページ）

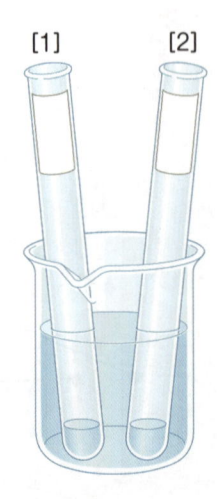

実験 2 チャックつきのふくろの中でご飯つぶをつぶす

❖ ご飯は、口の中でどのように変化するのかを調べます。

実験の準備・道具
・チャックつきのふくろ　・ご飯つぶ（でんぷん）　・スポイト　・ストロー
・ビーカー　・湯（40℃くらい）　・ヨウ素液

実験の手順
① チャックつきのふくろに、ご飯つぶを1～2つぶ入れます。ご飯つぶの形がなくなるまで、ふくろの上から手でつぶします。
② 1つのふくろには、[3] ストローでとっただ液を加えてよく混ぜます。もう1つのふくろには、[4] だ液と同じ量の湯を加えます。
③ 湯（40℃くらい）を入れたビーカーの中に、2つのふくろを入れます。
④ 5分たったら、ふくろを取り出してご飯つぶをもみます。もう一度、湯（40℃くらい）を入れたビーカーの中に入れます。
⑤ さらに5分おいてから、ふくろの中にヨウ素液を入れて、反応を調べます。

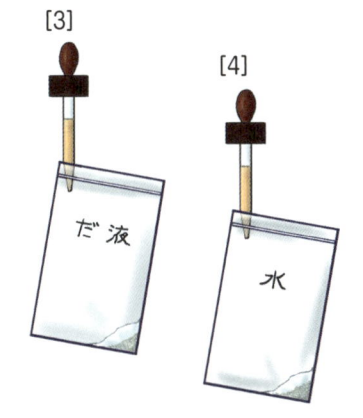

実験の結果
・ご飯つぶとだ液をまぜたものは、ヨウ素液の色が変化しなかった。
・ご飯つぶと水をまぜたものは、ヨウ素液が青むらさき色になった。

◆実験1と2からわかったこと
だ液には、でんぷん（ご飯つぶ）を別のものに変えるはたらきがある。

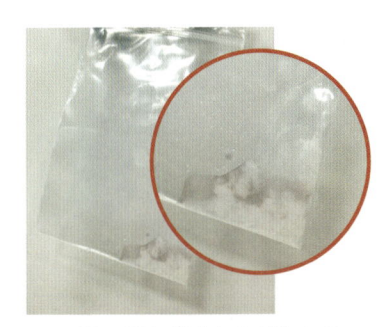

ご飯つぶとだ液をまぜたもの 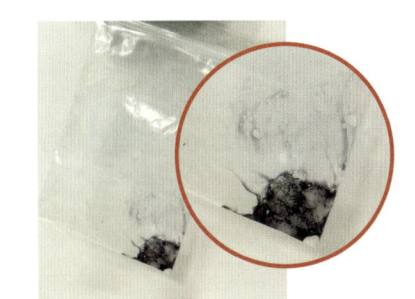　　　ご飯つぶと水をまぜたもの

この実験のポイント
▶ 唾液を使った実験に抵抗のある児童もいると考えられるので、本実験ではストローを使用しています。唾液実験は、できれば個人実験としてやらせたいです。
▶ 実験1の試験管や実験2のチャックつきの袋を湯で温める理由を考えさせます。体温に近い温度の条件で実験を行っていることを意識させます。
▶ ヨウ素液は、紅茶の色くらいになるまで水で薄めて使います。（ヨウ素液の使い方は33ページ）

第3章 理科重要観察・実験の指導法 6年生

7 人の体のつくりと働き
血液の流れるようす　観察

単元の概要

系統別領域　B. 生命・地球

第3学年	第4学年	第5学年	第6学年	中学
(1)昆虫と植物 ア　昆虫の成長と体のつくり イ　植物の成長と体のつくり	(1)人の体のつくりと運動 ア　骨と筋肉 イ　骨と筋肉の働き		(1)人の体のつくりと働き ア　呼吸 イ　消化・吸収 **ウ　血液循環** エ　主な臓器の存在	イ　動物の体のつくりと働き (ア)　生命を維持する働き (イ)　刺激と反応

学習のねらい

（1）人の体のつくりと働き
　人や他の動物を観察したり資料を活用したりして、呼吸、消化、排出及び循環の働きを調べ、人や他の動物の体のつくりと働きについての考えをもつことができるようにする。
ウ　血液は、心臓の働きで体内を巡り、養分、酸素及び二酸化炭素などを運んでいること。

（学習指導要領より）

観察1 血液の流れるようすを調べる

❖ 血液の流れや血液の通り道（血管）について調べます。

観察の準備・道具
・ちょうしん器

観察の手順
2人1組になって、相手に自分の心臓にちょうしん器を当ててもらい、15秒間のはく動数と脈はく数を調べます。

観察の結果　（板書例）

はく動数	脈はく数
回	回

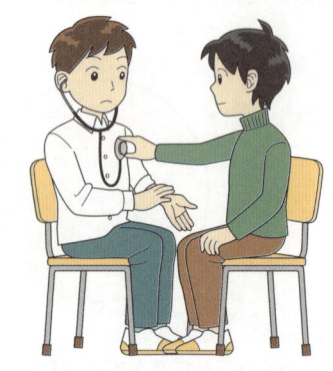

◆わかったこと
はく動と脈はくは、同じリズムである。
心臓は、ちぢんだりゆるんだりしながら、血液を全身に送り出している。

この観察のポイント
▶拍動と脈拍を調べる実験は2人組程度のグループで行わせますが、グループを男女別にするなどの配慮が必要です。
▶最初に自分自身で聴診器を当てながら拍動から心臓の位置を確かめ、それから友達に押さえてもらいます。
▶児童全員が自分の拍動と脈拍を調べることができるようにします。
▶脈拍を測定する際には、手首などを強く押さえすぎないように注意します。

観察2 血液の流れるようすをメダカで調べる

❖ 血液がどのように流れているのかを、メダカを使って調べます。

観察の準備・道具
・メダカ　・チャックつきのふくろ　・けんび鏡

観察の手順
①メダカとくみ置きの水を、チャックつきのふくろに入れます。
②けんび鏡の倍率を100倍位にします。
③けんび鏡でメダカのおびれを観察して、血液の流れているようすを調べます。観察が終わったら、なるべく早くメダカを水そうにもどします。

観察の結果

メダカのおびれの血液の流れているようす

この観察のポイント
▶ 水の量が多いと、チャック付きのポリエチレンの袋の中でメダカが動いてしまいます。水はできるだけ少なくして、袋を横向きにしてから観察します。短時間で観察を終了し、メダカを水槽に戻します。
▶ メダカを袋ごと氷水の中に入れると、メダカは一時的に動かなくなる（低温麻酔）ので観察しやすいです。この場合もできるだけ素早く観察を終わらせ、メダカを常温の水に戻してやることが大切です。

資料

血液の流れとそのはたらき

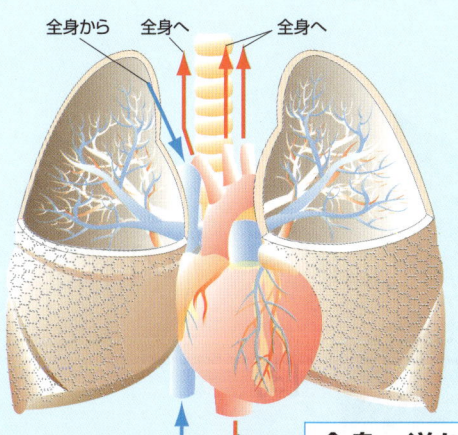

全身から　全身へ　全身へ

全身へ送り出される血液は、（酸素）が多い。

全身からもどってきた血液は（二酸化炭素）が多い。

血液は、（心臓）から（血管）を通って全身に送り出されます。
血液によって、（酸素）や（養分）が体の各部分に送られ、いらなくなったものや（二酸化炭素）と入れかわって、血液は再び（心臓）にもどります。心臓にもどってきた血液は、（肺）に運ばれます。
このように血液が全身をめぐることを、血液の（じゅんかん）といいます。

第3章 理科重要観察・実験の指導法 6年生

8 植物の養分と水の通り道

植物の養分と水の通り道

実験

単元の概要

B. 生命・地球

系統別領域

第3学年	第4学年	第5学年	第6学年	中学
(1)昆虫と植物 ア　昆虫の成長と体のつくり イ　植物の成長と体のつくり	(2)季節と生物 ア　動物の活動と季節 イ　植物の成長と季節	(1)植物の発芽、成長、結実 ア　種子の中の養分 イ　発芽の条件 ウ　成長の条件 エ　植物の受粉、結実	(2)植物の養分と水の通り道 ア　でんぷんのでき方 イ　水の通り道	イ　植物の体のつくりと働き (ア)　花のつくりと働き (イ)　葉・茎・根のつくりと働き

学習のねらい

（2）植物の養分と水の通り道
　植物を観察し、植物の体内の水などの行方や葉で養分をつくる働きを調べ、植物の体のつくりと働きについての考えをもつことができるようにする。
ア　植物の葉に日光が当たるとでんぷんができること。
イ　根、茎及び葉には、水の通り道があり、根から吸い上げられた水は主に葉から蒸散していること。

（学習指導要領より）

実験1　葉にできるでんぷんと日光との関係①（前日の準備）

❖ 植物の葉にでんぷんがつくられるのに、日光が必要かどうかを調べます。

実験の準備・道具
・ジャガイモの葉　・アルミニウムはく　・エタノール　・湯（70〜80℃）
・ビーカー　・ピンセット　・ヨウ素液　・ペトリ皿　など

実験の手順
●前日の午後
①3枚のジャガイモの葉にアルミニウムはくでおおいをします。

この実験のポイント
▶天気予報を確認し、2日目に晴れになる日に実験を設定します。
▶覆いをする葉は、若くてやわらかい葉を選びます。
▶覆いは落ちたり風で飛ばされたりしないように、しっかりととめます。

実験 2　葉にできるでんぷんと日光との関係②（当日）

実験の手順

●当日の午前
① 3枚のジャガイモの葉のうち、1枚はおおいを外してつみ取ります。[1]
② 残りの2枚の葉のうち、1枚はおおいを外して日光に当てます。[2] もう1枚は、おおいはそのままにして日光に当てます。[3]
③ [1] の葉を湯につけてやわらかくします。さらに、湯で温めたエタノールに入れ、葉の緑色の部分をとかし出します。
④ 湯に入れてあらい、ヨウ素液にひたして反応を調べます。
⑤ 日光に当てておおいを外した [2] の葉と、おおいをしたままだった [3] の葉をつみ取ります。
⑥ [1] の葉で行った実験と同様に、[2] と [3] の葉を湯につけてやわらかくして、さらに湯で温めたエタノールに入れ、葉の緑色の部分をとかし出します。
⑦ 湯に入れてあらい、ヨウ素液にひたして反応を調べます。

（※ヨウ素液の使い方は33ページ）

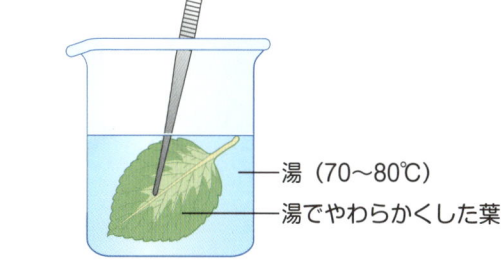

実験の結果　（板書例）

[1] 日光に当てなかった葉	[2] 日光に当てた葉	[3] おおいをして日光に当てた葉

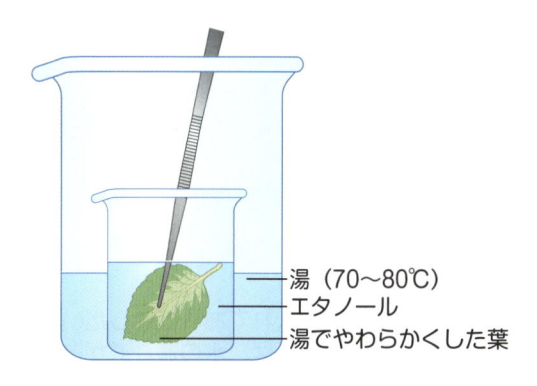

◆わかったこと
・日光に当てた葉にはでんぷんができていて、日光に当てなかった葉にはでんぷんができていない。
・植物が葉ででんぷんをつくるには、日光が必要である。

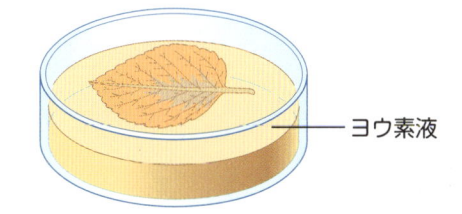

この実験のポイント

▶最初に、採取した葉を熱湯に30秒から1分ぐらいつけます。熱湯につけないとエタノールでの脱色が難しくなります。
▶エタノールは引火性があるので、扱いに気をつけます。絶対に火を使わずに、熱湯は電気ポットで沸かすようにします。また、エタノールは刺激臭があるので、換気にも気をつけます。
▶エタノールの温度が低くならないように、保温用の湯は十分な量を用意しておきます。
▶葉にでんぷんができていることを確実に確認するため、午前中十分に日光を当てた葉を用いることが重要です。
▶葉を区別しやすいように、葉に切れ込みを入れるとよいです。

第3章 理科重要観察・実験の指導法 6年生

実験 3　くきや葉の水の通り道

❖ 植物の体にはどのような水の通り道があるのかを調べます。

実験の準備・道具

・ホウセンカ　・色をつけた水　・三角フラスコ　・だっし綿　・カッターナイフ　・虫めがね　など

実験の手順

① ホウセンカを根からほりおこします。根をよくあらって、色をつけた水につけます。
② ホウセンカの全体のようすを観察します。
③ くきや葉や根の部分をカッターナイフを切って、切り口を虫めがねで観察します。

実験の結果

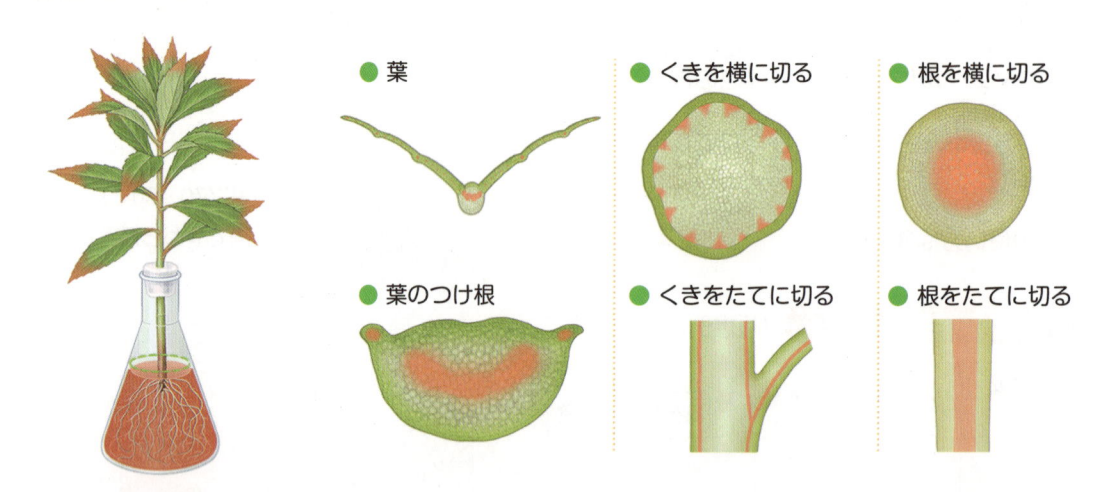

● 葉
● くきを横に切る
● 根を横に切る
● 葉のつけ根
● くきをたてに切る
● 根をたてに切る

◆ わかったこと
・ホウセンカを色水に入れておくと、しだいに葉やくき、根が色水と同じ色にそまる。
・植物の根やくき、葉には、水の通り道がある。
・植物が根から吸い上げた水は、体全体に運ばれる。

この実験のポイント ▶▶▶▶▶▶▶▶▶▶▶▶▶▶▶▶▶▶▶▶▶▶▶▶▶▶▶▶▶▶▶▶▶▶▶▶

▶ 水に着色するには、食用の色素か切り花用の染色剤が適しています。食紅は、でんぷんが混ざっているものが多いため、そのままで使うとでんぷんが植物の体内に溜まってしまいしおれやすくなるので、食紅を溶かした水をろ過してから使うようにします。
▶ 水を吸い上げる力の強いホウセンカが、この実験に適しています。赤い色が見やすいように、白い花をつけたホウセンカを使うと、観察しやすいです。また、ヒメジョオンやジャガイモなどで調べてもよいです。
▶ 茎や葉、根をカッターナイフで切るときは、安全面に十分注意します。少し厚く切って観察させます。
▶ 輪切りにしたときに赤く染まった部分をさらに縦に切ると、水の通り道が上下につながっていることがわかります。

実験 4　植物の体の中の水

❖ 植物が体の中にとり入れた水は、どこに行くのかを調べます。

実験の準備・道具
・葉のついた植物　・葉を取った植物　・ポリエチレンのふくろ　・モール

実験の手順
① 葉のついた植物と葉を取った植物にポリエチレンのふくろをかぶせて、モールなどでふくろの口をしばります。
② 15分ほどおいて、ふくろの内側を観察します。

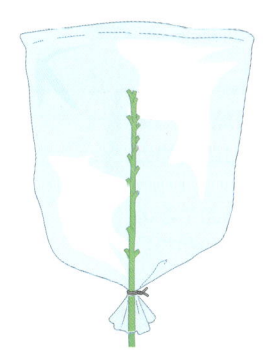

実験の結果　（板書例）

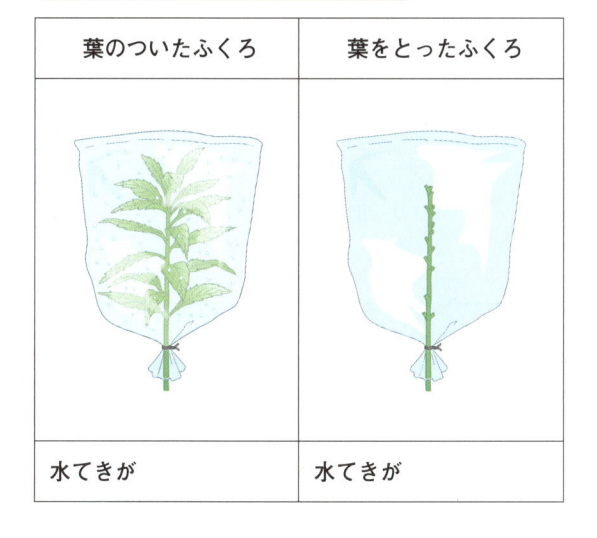

葉のついたふくろ	葉をとったふくろ
水てきが	水てきが

◆わかったこと
・植物の根からとり入れられた水は、水の通り道を通って、くきや葉に運ばれる。
・体全体に運ばれてきた水は、おもに葉から水蒸気となって外に出ていく。

この実験のポイント
▶ 蒸散作用が盛んになる、晴れた日に実験を行います。
▶ 同じくらいの大きさの植物2つで実験を行います。調べる植物が少ない場合は、1本の株で葉がついた枝と葉を取った枝に袋をかぶせて実験することもできます。
▶ 実験前に土に水をまいておくとよいです。地面から蒸発した水が袋についたと考える児童もいるので、袋の口はしっかりと閉じていることをあらかじめ確認させておきます。
▶ この実験は、サクラやアジサイなどの木で行うこともできます。

第3章 理科重要観察・実験の指導法 6年生

9 生物と環境
生物と環境

実験

単元の概要

系統別領域　　　　　　　　　　　　　　　　　　　　　　　　　　B．生命・地球

第3学年	第4学年	第5学年	第6学年	中学
(2)身近な自然の観察 ア　身の回りの生物の様子 イ　身の回りの生物の環境とのかかわり			(3)生物と環境 ア　生物の水・空気とのかかわり イ　食べ物による生物の関係	ア　生物と環境 (ｱ)　自然界のつり合い (ｲ)　自然環境の調査と環境保全

学習のねらい

（3）生物と環境
　動物や植物の環境を観察したり、資料を活用したりして調べ、生物と環境とのかかわりについての考えをもつことができるようにする。
ア　生物は、水及び空気を通して周囲の環境とかかわって生きていること。

（学習指導要領より）

資料

空気を通したかかわり合い

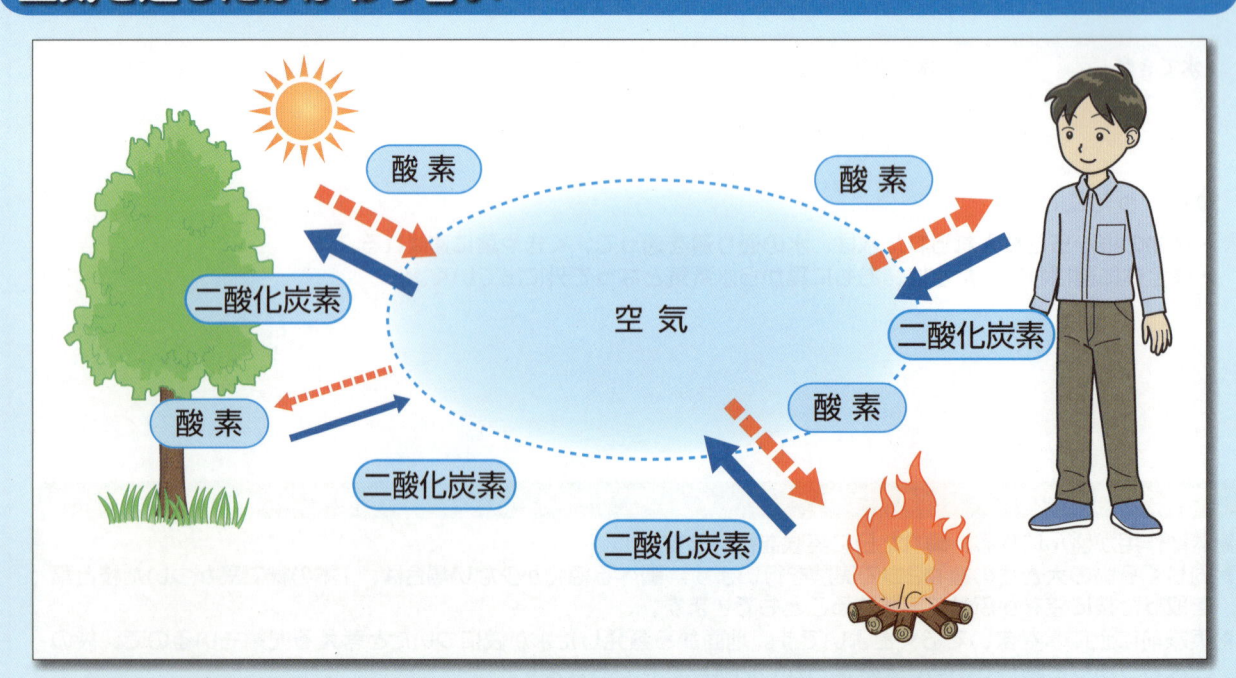

・人やほかの動物や植物は、空気を通して、たがいにかかわり合って生きています。
・植物は、人や動物と同じように一日中呼吸をしていて、酸素を取り入れて二酸化炭素を出しています。ただし、日光が当たっているときは、呼吸で取り入れる酸素よりもはるかに多い量の酸素を出しています。

実験 1 植物と空気との関係

❖ 日光に当たっている植物と空気とのかかわりを調べます。

実験の準備・道具
・はち植えの植物　・ポリエチレンのふくろ　・ストロー　・セロハンテープ
・酸素用検知管　・二酸化炭素用検知管　・気体採取器

実験の手順
①よく晴れた日に、はち植えの植物などにポリエチレンのふくろをかぶせます。ふくろは一度しぼませてからあなをあけ、ストローを使って息をふきこみ、その空気を4～5回吸ったりはいたりします。その後、ふきこんだ息が出ないように、セロハンテープであなをふさぎます。
②気体検知管でふくろの中の酸素と二酸化炭素の割合を調べます。
③1時間ほどを日光に当てて、もう一度、気体検知管でポリエチレンのふくろの中の酸素と二酸化炭素の割合を調べます。

（※気体検知管の使い方は55ページ）

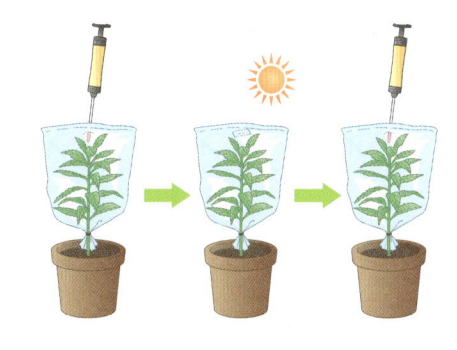

実験の結果　（板書例）

	息をふきこんだとき	1時間後
酸　素	％	％
二酸化炭素	％	％

◆わかったこと
息をふきこんだときよりも1時間後にはかったときのほうが、酸素の割合はふえていて、二酸化炭素の割合は減っていた。
このことから、日光に当たった植物は、空気中の二酸化炭素をとり入れて、酸素を出していることがわかる。

この実験のポイント
▶よく晴れた日に実験を行い、葉に日光が十分当たるようにします。
▶コマツナやホウレンソウなどの葉物野菜を使ってもよいです。その際、しおれてしまわないように、根がついているものを使用します。
▶息を吸ったり吐いたりしたのは、袋の中の空気の二酸化炭素の割合を大きくするためです。
▶実験後、呼吸で酸素を使っても、空気中の酸素がなくならない理由を考えさせるとよいでしょう。

第3章 理科重要観察・実験の指導法 6年生

10 土地のつくりと変化
土地のつくりと変化

実験

単元の概要

系統別領域　　　　　　　　　　　　　　　　　　　　　　　　　　　B. 生命・地球

第3学年	第4学年	第5学年	第6学年	中　学
		(3)流水の働き ア　流れる水の働き イ　川の上流・下流と川原の石 ウ　雨の降り方と増水	(4)土地のつくりと変化 ア　土地の構成物と地層の広がり イ　地層のでき方と化石 ウ　火山の噴火や地震による土地の変化	イ　地層の重なりと過去の様子 (ア)　地層の重なりと重なりと過去の様子

学習のねらい

（4）土地のつくりと変化
　土地やその中に含まれている物を観察し、土地のつくりや土地のでき方を調べ、土地のつくりと変化についての考えをもつことができるようにする。
ア　土地は、礫、砂、泥、火山灰及び岩石からできており、層をつくって広がっているものがあること。
イ　地層は、流れる水の働きや火山の噴火によってでき、化石が含まれているものがあること。　（学習指導要領より）

成功のコツ

実験装置の作り方

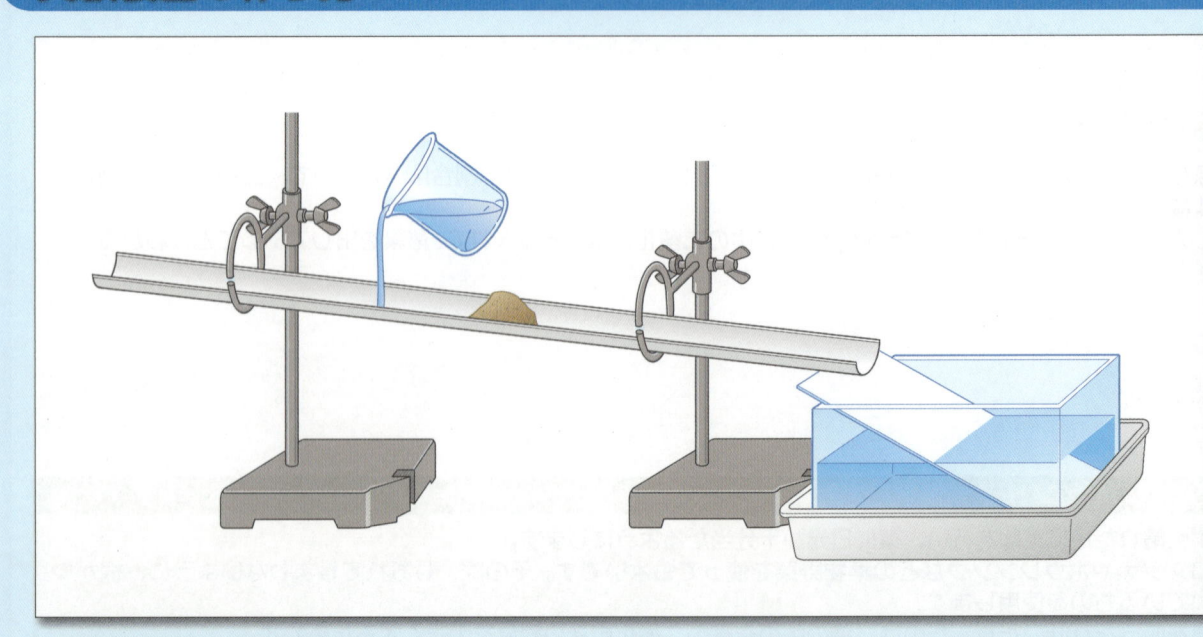

・土は、砂と泥（目の細かい土）を混ぜたものを使います。色のちがいがあるものを使うと、層になって積もるようすがわかりやすいです。
・といは、かたむきを大きくしないようにします（10°くらい）。
・水そうに入れる板のかたむきも、急にならないようにします（45°より小さく）。

実験 1　流れる水のはたらきによる地層のでき方

❖ 流れる水のはたらきで、地層はどのようにしてできるのかを調べます。

実験の準備・道具
・水そう　・とい　・砂とどろが混ざった土　・水　・ビーカー
・トレー　・スタンド　・板　など

実験の手順
① といに砂とどろが混ざった土を置きます。水を静かに流します。（1回目）
② 水そうの中に土がしずみ、水のにごりがおさまったら、土の積もったようすを調べます。
③ もう一度といに砂とどろが混ざった土を置いて、水を同じように流します。（2回目）1回目と同じように、土の積もり方を調べます。

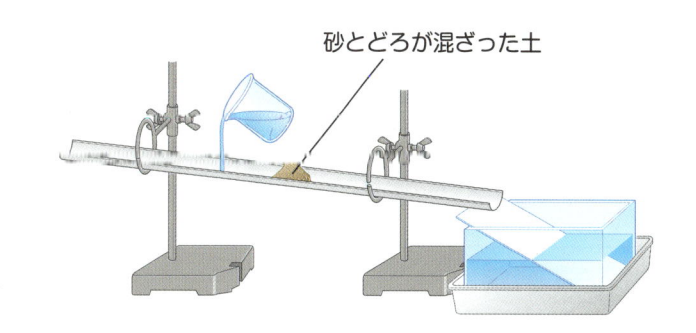

実験の結果

[1回目]　　　　　　　　　　　　[2回目]

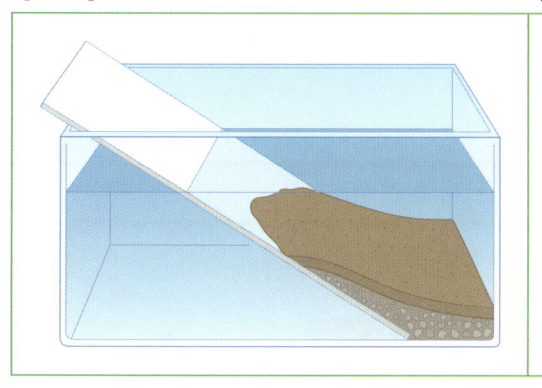

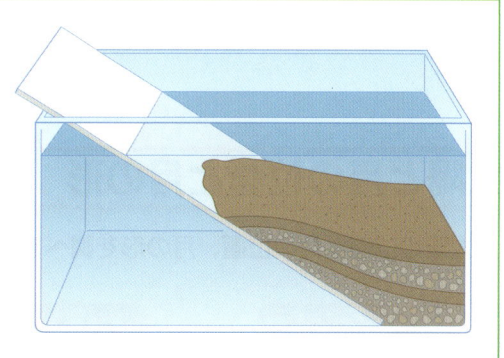

◆わかったこと
水で流しこんだ砂とどろを混ぜた土は、下から砂、どろの順に分かれて積もった。
2回目に流しこんだ砂とどろを混ぜた土は、1回目の層の上に、下から砂、どろの順に分かれて積み重なった。
地層は、流れる水のはたらきで運ばれてきたれき、砂、どろなどが海や湖の底に積み重なってできた。

この実験のポイント
▶ 泥は、砂と粒の大きさがはっきりと異なるものを用意します。
▶ 水を静かに少しずつ流すと、混ざっていた砂と泥が分かれて積もります。繰り返し行うことで、きれいに分かれた砂の層と泥の層がいくつもでき、地層が流れる水の働きでできることを実感できます。
▶ 板を使わずに、水を入れた水槽に直接土を流し込む方法もあります。

83

第3章 理科重要観察・実験の指導法 6年生

11 月と太陽

月と太陽

観察 実験

単元の概要

系統別領域　　　　　　　　　　　　　　　　　　　　　　　B．生命・地球

第3学年	第4学年	第5学年	第6学年	中　学
(3)太陽と地面の様子 ア　日陰の位置と太陽の動き イ　地面の暖かさや湿り気の違い	(4)月と星 ア　月の形と動き イ　星の明るさ、色 ウ　星の動き		(5)月と太陽 ア　月の位置や形と太陽の位置 イ　月の表面の様子	イ　太陽系と恒星 (ア)　太陽の様子 (イ)　月の運動と見え方 (ウ)　惑星と恒星

学習のねらい

(5) 月と太陽
　月と太陽を観察し、月の位置や形と太陽の位置を調べ、月の形の見え方や表面の様子についての考えをもつことができるようにする。
　ア　月の輝いている側に太陽があること。また、月の形の見え方は、太陽と月の位置関係によって変わること。

（学習指導要領より）

観察① 太陽と月の位置と月の形

❖ 午前中に見える太陽の位置と月の位置、月の形を調べます。

観察の準備・道具
・観察ボード　・記録カード　・方位じしん

観察の手順
①午前中に見える太陽と月の位置と、月の形を調べます。
②同じ場所で、2～3日後の同じ時刻に、太陽と月の位置と月の形を調べます。

観察の結果

10月　2日　9時　00分
←東　　南　　西→
【太陽と月のようす】
太陽は南東の位置にあった。
月は西の空に見えた。白い色をしていて、半月と満月の間のような形をしていた。太陽と月はずいぶんはなれた位置にあった。

10月　5日　9時　00分
←東　　南　　西→
【太陽と月のようす】
太陽は3日前とほぼ同じ位置にあった。
月は今日は南西の空に見えた。
3日前と形が変わって、半月の形をしていた。太陽と月は3日前よりも近づいていた。

◆わかったこと
月の見える形は、日によって変化する。
月は太陽の光が当たっているところが明るく見える。月が明るく見えている側に太陽がある。

この観察のポイント
▶太陽を直接見ると目を痛めてしまいます。太陽を見るときは、必ず遮光板を使います。
▶同じ時刻に見える太陽の位置はほぼ変わっていませんが、月の見える位置や形が変わっていることに注目させます。

実験 ① 月の見え方の変化

❖ 太陽と月の位置関係による月の見え方の変化を調べます。

実験の準備・道具
・ボール　・電灯　・回転いす

実験の手順
① ボールを月に、電灯を太陽に、観察する人を地球に見立てます。
② 部屋を暗くして、電灯を置きます。回転いすにすわって、ボールをやや上に持ち上げ、ボールに光を当てます。
③ 回転いすを使って体の向きを変え、ボールの位置を変えていきます。ボールの光が当たった部分がどのような形に見えるかを調べます。
④ ボールの光が当たった部分の見え方が、ボールの位置によって変わるようすをまとめます。

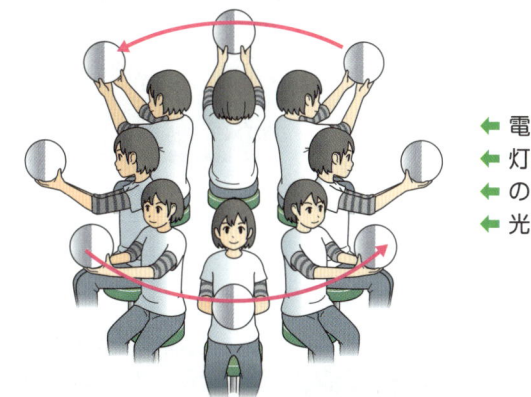

← 電灯の光

実験の結果

◆わかったこと
月は、新月→三日月→半月（上弦の月）→満月→半月（下弦の月）→新月　と見え方が変わる。
これは、月と太陽の位置関係が変わるからである。

この実験のポイント
▶ 常にボールの半分に電灯の光が当たっていますが、ボールを見る方向によって光が当たっている部分の見え方が変わります。このことを確認した上で、一人ひとりにボールを持たせて実験を行い、光が当たっている部分の見え方がどのように変わるのかを調べさせます。
▶ 光が当たっている部分の見え方をデジタルカメラで撮影しておき、まとめて児童に見せると、実験のまとめをするときに効果的です。

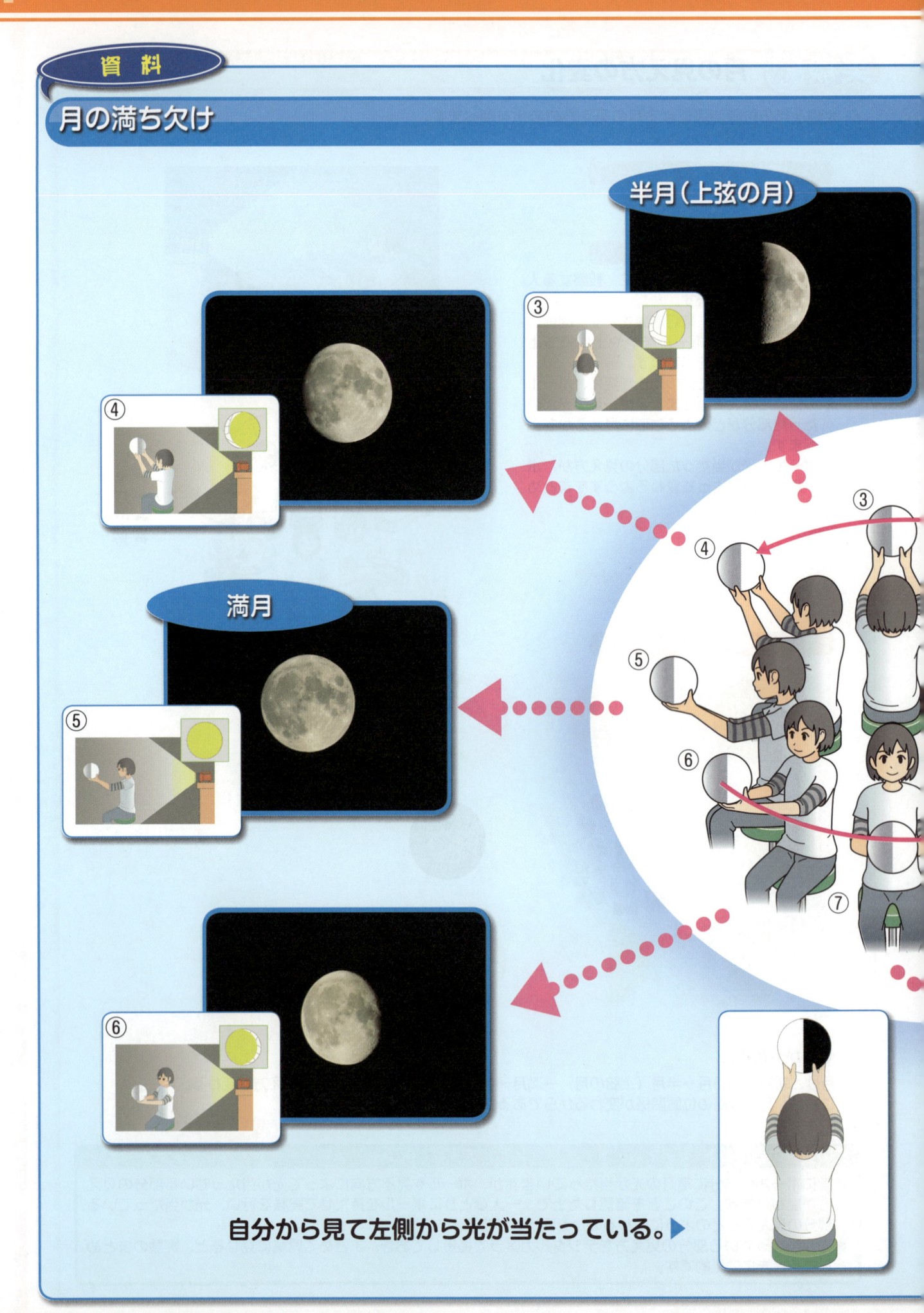

第3章　理科重要観察・実験の指導法　6年生

資料

月の満ち欠け

半月（上弦の月）

③

④

満月

⑤

⑥

自分から見て左側から光が当たっている。▶

三日月

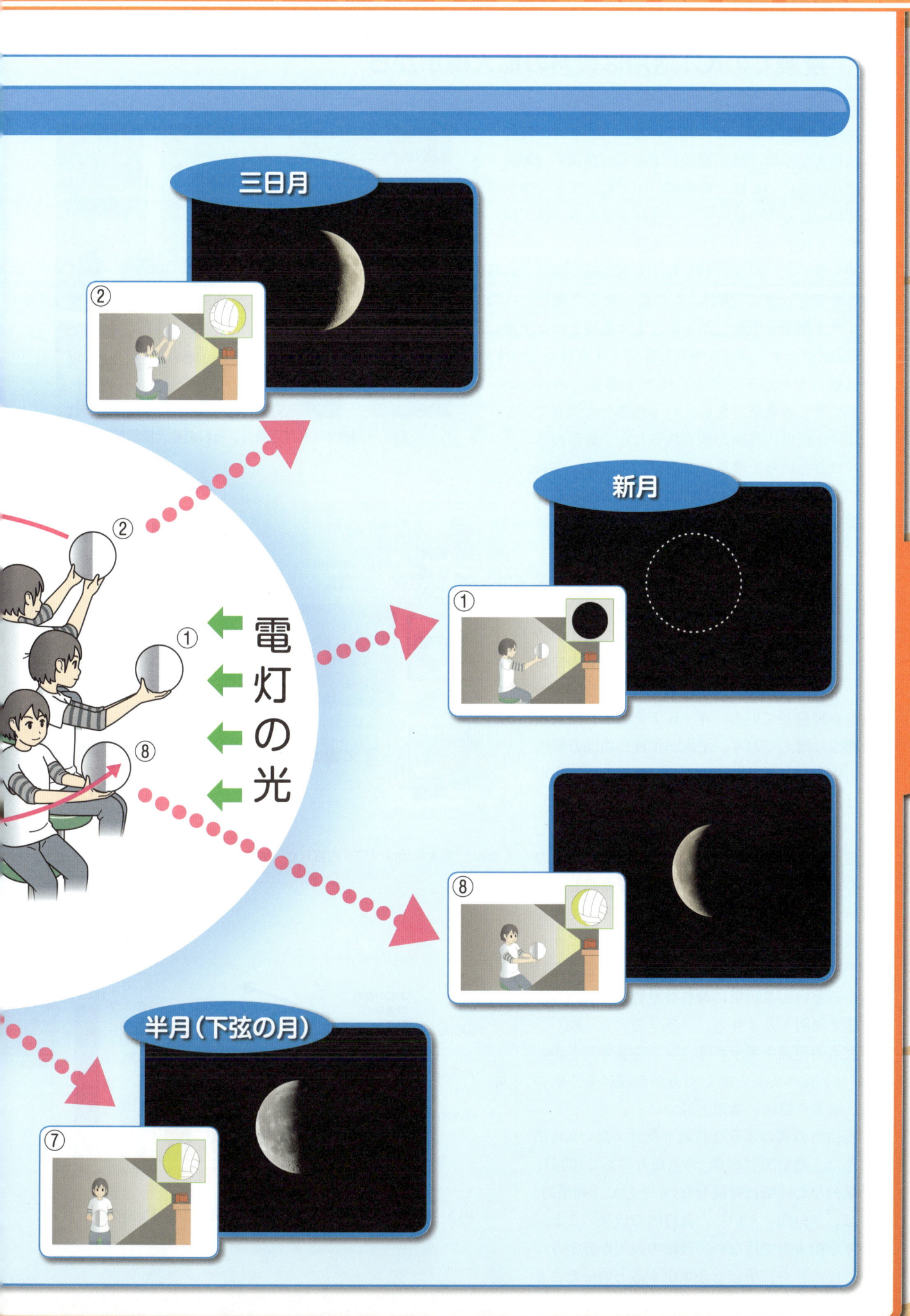

新月

電灯の光

半月（下弦の月）

第1章 5・6年生理科の指導のポイント

第2章 理科重要観察・実験の指導法 5年生

第3章 理科重要観察・実験の指導法 6年生

第4章 ICTを活用した資料提示のコツ

第5章 「理科教材」の活用法

87

第4章　ICTを活用した資料提示のコツ

1．授業でのICT活用は資料の拡大提示から

　現在、授業で最も行われているICT活用は、教師による教科書などの「拡大提示」である（高橋ら 2009）。さらに具体的にいえば、教科書の中でも、写真、図やグラフといった本書で扱うような資料が最も多く拡大提示されている（図1）。

　拡大提示は「映す内容」と「大きく映す機器」の組み合わせで行われる（図2）。この際、電子黒板といった大きく映す機器も大事であるが、より重要なのは画面に映す内容である。これは、テレビに例えると分かりやすい。受信機器であるテレビが、4Kで高画質であるとか、録画ができて多機能であるといったことも大事であるが、やはり、面白い映画が観られるとか、最新のニュースが見られるといった映される内容によって、テレビが楽しく有意義なものになる、映す内容の方がより重要なのである。本書でも映す内容を扱っている理由はここにある。

　このようなICT活用は、現在では様々な学校で行われているが、富山市を例にあげたい。図3は、富山市の全ての小学校においてICTが活用された年間の総授業時間数を表したものである。市内には65校の小学校があり、約1200名の教師が勤務している。年々ICTを活用した授業時間数は増えており、平成26年度は約20万時間の活用が行われている。この結果から、富山市では、既に多くの教師が日常的にICTを活用していると考えられるだろう。ICT活用が普及した理由には、資料などの拡大提示をICT活用の中心に据え、そのためのICT機器を常設し、教員研修を行ったことがあげられる。そして多くの教師が、こういったICT活用が、準備にかかる手間よりも得られる効果が大きいと感じているからといえる。単に教科書や資料集の内容を口頭で説明するよりも、グラフを大きく映し、子どもの視線を集中させ、「ココを見て」とか、「ココを比べて」と話した方が格段によく伝わる。板書や掛図の効果と似ている。

　富山市の例のような持続可能性の高いICT活用とは、「効果的」「簡単」の重なりにある（図4）。効果的なだけでは持続しない。そして、「効果的」とは、学力向上といった最終的な成果のことばかりを指すのではない。教師の説明が分かりやすくなるとか、子どもが集中するといったこと

図1　授業でのICT活用は、資料の拡大提示から

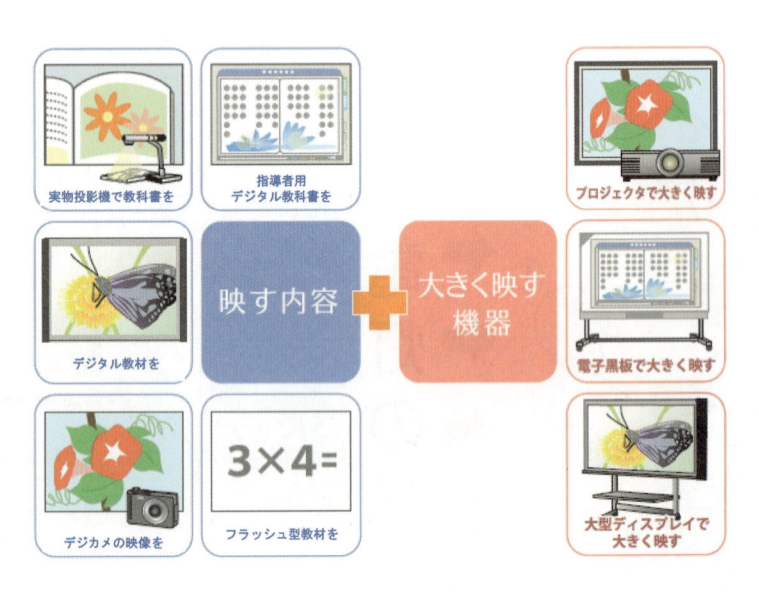

図2　拡大提示は「映す内容」と「大きく映す機器」の組み合わせ

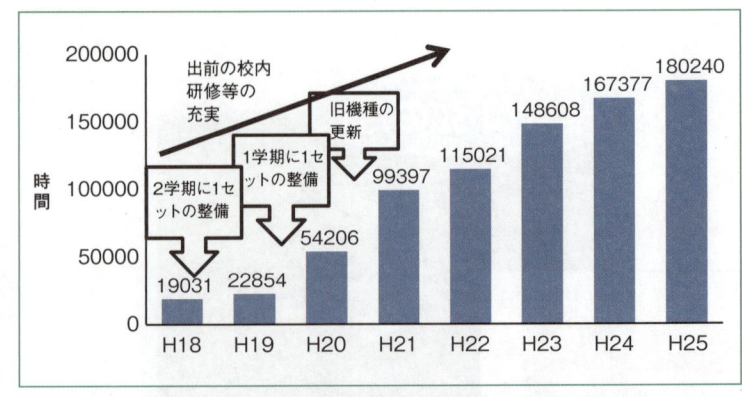

図3　富山市におけるICTが活用された年間の総授業時間数

も効果である。また「簡単」とは、操作が簡単といったことだけではない。機器が教室に常設されているとか、教材作成や準備の手間が少ないとか、授業に簡単に組み込めるとか、そういったことも含めた簡単さである。

本書が提案しているICTによる資料の拡大提示は、最も効果的で簡単な方法であり、各地で日常化している方法である。それでもわずかに残る教材作成の手間、授業に簡単に組み込みにくいこともあるといった問題点を、ベテラン教師がノウハウを注ぎ込むことで解決を試みている。多くの教師の皆様に、最初に取り組んでほしいICT活用である。また、このように敷居の低いICT活用であるが、板書や掛図のような効果が得られることから、持続可能性が高く、さらに時代が進みタブレットPCの活用が当たり前になっても、ずっと必要とされる方法なのである。

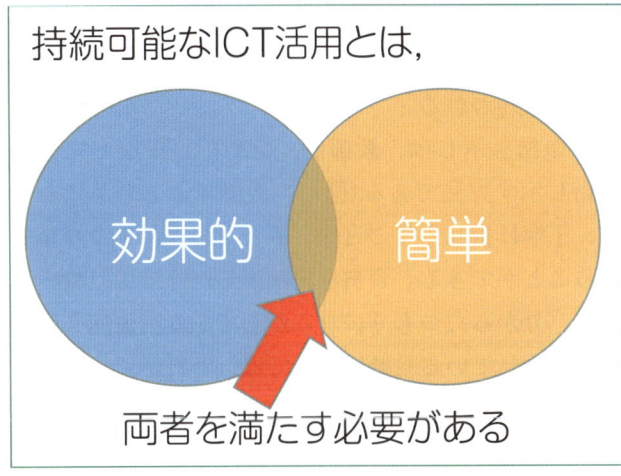

図4 持続可能性の高いICT活用のポイント

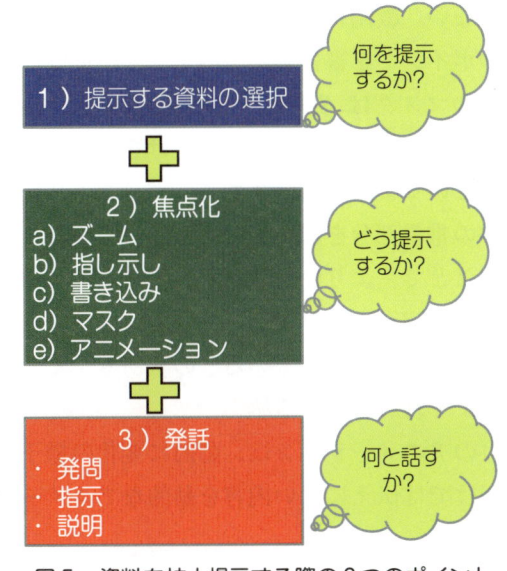

2．資料を拡大提示する際の3つのポイント

教師が資料を拡大提示して学習指導する際は、先にも述べた映す内容、つまり、1)拡大提示する資料の選択が重要となる。しかし、どんなに素晴らしい資料であっても、拡大提示しさえすれば子どもが学習する訳ではない。加えて、2)どのように拡大提示するか（焦点化）、3)何と教師が話すか（発話）、についても適切な検討を行い、それらを組み合わせて指導を行うことがポイントとなる(図5)。これら3つが、教師による資料の拡大提示を学習指導として成立させるためのポイントになる。次に各ポイントの詳細について述べる。

1）提示する資料の選択

拡大提示する資料としては、学習のねらいに基づいた中心的な資料、教師が口頭だけでは説明しにくいと感じている資料、子どもがつまずきやすい学習内容に関する資料などが選択されることが多い。さらに具体的には、本書に示されている指導のポイントや授業展開例の記述が大きなヒントになるだろう。

2）焦点化

どのように拡大提示するか、つまり、焦点化の手法は、a)ズーム、b)指し示し、c)書き込み、d)マスク、e)アニメーションの5つに分けられる（高橋ら 2012）。多くの場合で、この5つのいずれかの方法を、単独或いは組み合わせて提示の工夫をすることが多い。

a)のズームの最も基本的な方法は、学習指導に関係する箇所だけをズームし、不要な部分を提示しないことである(図6)。本書での事例は、そもそも不要な部分が拡大提示されないよ

図5 資料を拡大提示する際の3つのポイント

図6 ズームして不要部分を提示しない

第4章　ICTを活用した資料提示のコツ

う工夫が施されている。加えて、学習指導上の意図をもって、ある一部分だけをズームして提示することで、気付きを促したり、見えていない部分を想像させたりする方法にも使われる。

b)の指し示しは、教師が、指や指し棒などで、資料を指し示す方法である（図7）。教師による発話に合わせて、丁寧に指し示すことで、子どもの視線をより集中させることができる。資料を提示するだけでは、教えたつもり、分かったつもりになりがちである。何度も同じ資料を提示している教師によっては、資料から読み取らせるべきところが瞬時に目に入ってしまうことで説明した気になり、知らず知らずに指導が簡略化してしまうこともある。そのようなことを防止するために、毎回、丁寧に指し示すことを心がける教師もいる。

図7　丁寧に指し示す

c)の書き込みは、資料の上に、書き込みを行うことである。電子黒板を利用している場合はペン機能を用いたり、プロジェクタを黒板やマグネットスクリーンに投影している場合はチョークやホワイトボードマーカーで書き込んだり、パソコンの機能を用いて書き込んだりもできる。この実現の方法は様々であるが、効果は大きく変わらない。教師による発話や子どもの発言に合わせて、そのポイントを書き込んでいくことが重要である（図8）。

d)のマスクは、資料の一部分を隠すことである（図9）。たとえば、教科書の太字部分だけを、付箋紙で隠し、めくっていくような方法である。グラフの凡例、表の数値などの重要部分をあえて隠し、隠していることも明示されることで、より注目させる方法である。デジタル教科書などのデジタルコンテンツによっては、あらかじめ重要部分がマスクされているものもある。また、教師が、パソコンや電子黒板の機能などを用いてマスクを行うこともよく行われている。

図8　書き込んで着目点を明確にする

e)のアニメーションは、動的に変化の様子を見せたり、徐々にグラフデータを見せたりする方法である。静止画だけでは伝えにくい内容を動的なアニメーションで見せることは、理解を促すために有効な方法である。一方

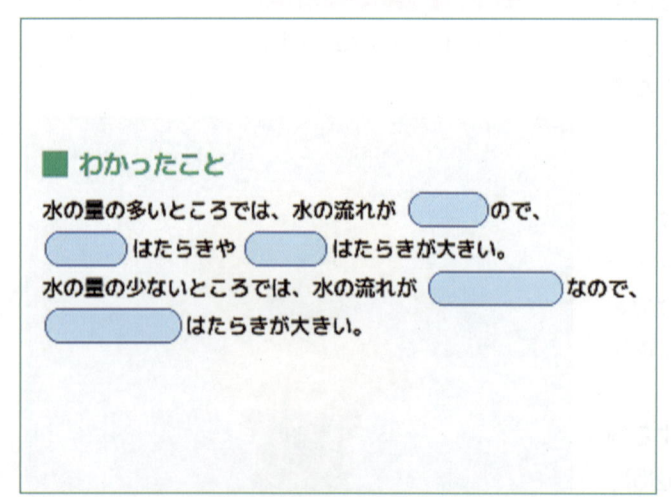

図9　重要部分をマスクする

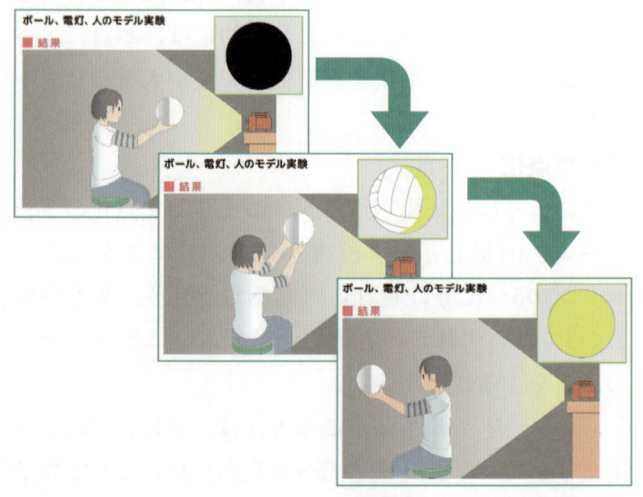

図10　少しずつ提示する

90

で、動画といった自動的に進んでいく表現だけではなく、教師の操作によって、任意の図のひとつひとつが提示されていくといった方法もある（図10）。これまでの掛図と異なって、子どもの実態に合わせて臨機応変に提示できたり、授業展開や教師の指導スタイルに合わせて提示できたりするメリットがある。本書では、特にこの表現方法が多用されており、こういったメリットが活かされることが期待されている。

3）教師の発話

　発問、指示、説明といった教師による発話を、より豊かで確実なものにするために、資料の拡大提示があるといえる。つまり、主は教師の発話であり、それを支えるものとして資料の拡大提示がある。例えば、川の石について、上流には大きな角張った石があることは、教師による発話だけでも伝えることはできる。しかし、上流の川の写真を大きく提示したり、下流の写真も同時に提示したりしながら説明した方が、子どもはより理解しやすくなる。さらに、焦点化の手法を用いて、石を大きくズームした写真を提示したりしながら発問してみれば、より考えも深まる。このように教師の発話を助けるのが資料の提示であると考えると、授業のあらゆる場面に組み込みやすくなる。

3．資料の拡大提示の考え方

1）資料を絞り込んで提示する

　豊富に資料があった方が、子どもの思考が深まるという意見もあるが、特に初めて習う内容であれば、その逆となるケースも多い。資料の量が多ければ、それぞれの資料を理解するだけで多くの時間を費やすことになる。結果、深く考えるに至らなくなることも多い。したがって、初学者には、これだけは絶対に欠かせない良質の資料だけを、さらに、その一部分に絞り込んで拡大提示することで、短い時間で内容理解を促すことができる。そして、内容理解が進めば、それに基づいて考えを深めやすくなる。

　これらが、先に述べた「提示する資料の選択」や「焦点化」が重要となる理由の1つになる。本書には、これだけは絶対欠かせない良質の資料だけが掲載されており、さらに、その一部分に絞って提示する手法が、授業展開と共に具体的に示されている。この考え方に基づいて、本書を改めて読み直していただくと、資料の拡大提示の奥深さを感じていただけると思う。

2）資料提示による浅い分かりから、深い分かりにつなげていく

　「分かる」のレベルを、「浅い」と「深い」に区別して考えるならば、資料の拡大提示は浅い分かりの段階に特に効くと考えられる。たとえば、「気温の変化」のグラフを見て分かった気になったとしても、浅い分かりの段階に過ぎない。

　本質的な深い分かりに誘うためには、実験をしてみたり、自ら理由を考えたり、友人の理由と比較したり説明し合ったりといったことが必要である。さらに、この段階で、再び同じ資料を読解してみれば、最初の段階とは比べものにならないほど、多くのことに気付けるようになっている違いない。場合によっては、新たな疑問も生まれ、別の似た資料を欲することになるかもしれない。このように、様々な活動をしつつも少しずつ重なりのある学習を繰り返していくことで、深い分かりが得られるのである。

　つまり、深い分かりを得る段階では、資料の拡大提示を超えた学習活動となる。残念ながら、現時点でICTを用いた資料の拡大提示そのものに、こういった学習活動までを保証する仕組みは実装できていない。将来ICT技術が大きく進展しても、深い分かりを得るためには、直接体験や言語活動が必要とされることだろう。

　したがって、資料の拡大提示が効く学習場面を割り切ることが必要となる。最初の浅い分かりは、子どもの学習の動機付けにも重要である。最初が分からなければ、深い分かりにも到達できない。この部分に資料の拡大提示は、特に効果的であると割り切ることも重要である。

【参考文献】
高橋純・堀田龍也（2009）すべての子どもが分かる授業づくり、高陵社書店
高橋純・安念美香・堀田龍也（2012）、教師がICTで教材等の拡大提示を行う際の焦点化の種類、日本教育工学会論文誌、Vol.35 Suppl., pp.65-68

第5章 「理科教材」の活用法

学習ノートやワークテストを活用すると、ポイントを押さえた授業ができる！

　授業の準備を、みなさんはどのようにされていますか。指導書を読む、同僚の先生に話を聞く、インターネットで調べる。いろいろな準備の方法があると思いますが、実は、学習ノートやワークテストを授業準備で活用するととっても便利なのです。学習ノートやワークテストには、授業で何を押さえれば子どもたちに力がつくのか、そのヒントがたくさん含まれています。これまでみなさんが取り組まれている準備の方法に加えて、知っていると得をする、そんなコツを以下に紹介します。

1 学習ノートを指導に活かす

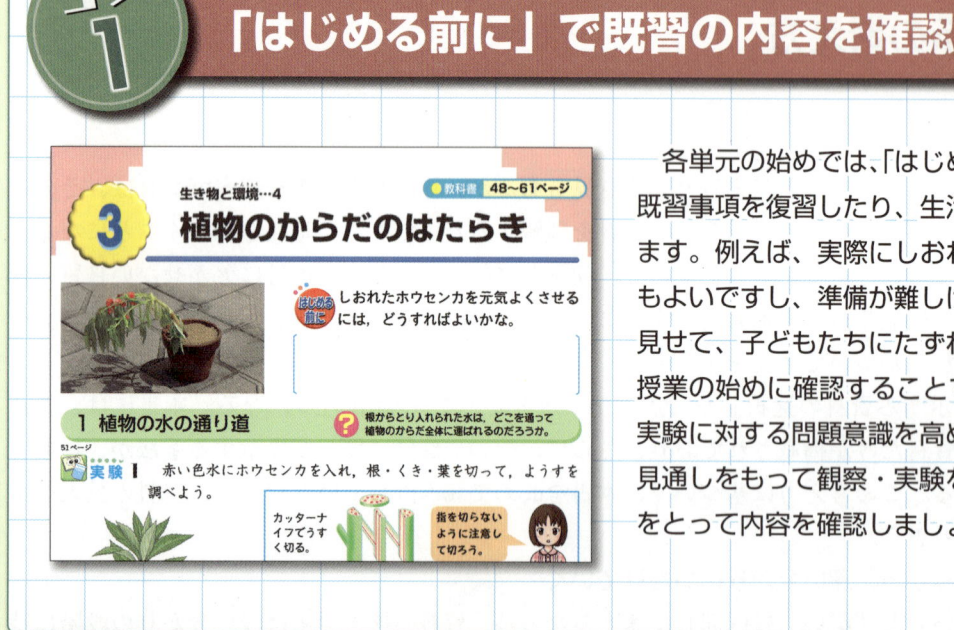

コツ1 「はじめる前に」で既習の内容を確認

　各単元の始めでは、「はじめる前に」のコーナーで、既習事項を復習したり、生活体験をふり返ったりします。例えば、実際にしおれたホウセンカを見せてもよいですし、準備が難しければ、写真を拡大して見せて、子どもたちにたずねるのもよいでしょう。授業の始めに確認することで、これから行う観察・実験に対する問題意識を高める手立てとなります。見通しをもって観察・実験を行う上でも、必ず時間をとって内容を確認しましょう。

コツ2 条件に注目する習慣をつける

　高学年の実験では、「条件を変える」「条件を同じにする（変えない）」という視点が重要です。学習ノートに書かれた表は、条件を変えるのか変えないのかが、すぐに分かるように書かれてあります。実験をする際には、デジタル教材の条件に関する表が書かれてあるページを見せながら、どの単元でも、「変える条件は何ですか。」「同じにする（変えない）条件は何ですか。」と子どもたちに確認しながら、進めましょう。

学習ノートとは

授業の展開に沿って記入していく習得教材です。
観察・実験の記録と学習のまとめができます。

コツ3 「考えよう」では書かせ方が大事

「考えよう」のコーナーでは、観察・実験をした結果を引用して、問いに対する解答を書かせます。「結果では、固体に水を注ぐと溶けたので、もとの金属と同じものとは言えない。」のように、観察・実験で見られた具体的な現象を引用して書かせることが大事です。吹き出しには、解答の書き方のヒントが書かれてあるので、参考にするとよいでしょう。解答の書き方を指導することで、ワークテストで問われる「思考・表現」の問題の対策になります。

コツ4 「学習のまとめ」のページでテスト対策

各単元の最後には、「学習のまとめ」のページで学習内容をふり返ります。このページは、各単元の最後についており、単元の学習が終わった後、時間をとって取り組ませることで、テスト勉強として活用できます。参考ページも書かれてあるので、宿題として取り組ませ、自主勉強の練習として活用することもできます。

93

第5章 「理科教材」の活用法

2 ワークテストを指導に活かす

コツ1 問題で採り上げられている用語を確認

　授業を始める前に、ワークテストで取り上げられている用語を確認します。ワークテストで取り上げられている用語は、単元の学習内容の理解に必要な知識です。用語を確認した後は、授業の中で、「作用点はどこ？」「力点はどこ？」「支点はどこ？」のように繰り返し使い、子どもたちにもその言葉を説明できるようにします。デジタル教材でも、穴あきで表示されていることが多いので、学習後、復習する際に活用するのもよいでしょう。

コツ2 問題で取り上げられている実験器具を確認

　授業をはじめる前に、ワークテストで、どの実験器具が問題として取り上げられているのか確認します。理科のワークテストでは多くの単元に、観察・実験で使った実験器具に関する問題が出てきます。実験器具を取り扱う場面は、単元の中の一場面であることもあるので、観察・実験を行った時だけでなく、例えば授業の始めにデジタル教材で対象のページを見せ、部品の名前を確認するなど、折に触れ、実験器具の確認をしましょう。

ワークテストとは

学習内容の定着状況を観点別に評価する教材です。
児童のつまずきを発見して事後の指導に役立てます。

コツ3 記述式の問題は事前に書かせ方を練習する

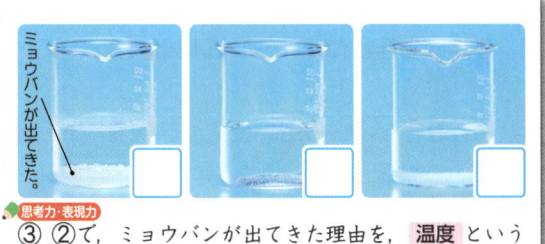

　記述式で解答する問題は、事前に授業の中で書かせ方を練習します。観察・実験の中の「考察（まとめ）」にあたる活動です。理科の学習では、結果から分かることを「考察」と言いますが、子どもたちにいきなり「考察を書きなさい。」と言ってもなかなか書けません。考察には書き方があり、「キーワードとなる用語」「理由となる事象」を含んだ書き方をします。観察・実験後に、考察を書かせるときに、「キーワードは？」「理由となる現象は？」など、常に子どもたちに問いかけ、考察の書き方を身に付けさせましょう。

コツ4 「生活にいかす理科」を活かして学習内容を生活経験に生かす習慣をつける

　「生活にいかす理科」のコーナーは、ワークテストの際やテストを返した後の一斉指導で子どもたちに考えさせます。このコーナーには、身近にあるものを題材に、理科で学習したことを活用して考えるようになっています。特に「なぜそうなるのだろう。」と考えさせることで、理科の学習内容が生活の中に生かされていることを実感させ、習得したことを活用する場として有効です。

【監修者紹介】(敬称略)
堀田 龍也　ほりた たつや　　東北大学大学院情報科学研究科・教授

1964年生まれ。東京学芸大学教育学部卒業、東京工業大学大学院社会理工学研究科修了。博士(工学)。東京公立小学校・教諭、富山大学教育学部・助教授、静岡大学情報学部・助教授、メディア教育開発センター・准教授、玉川大学教職大学院・教授、文部科学省・参与などを経て現職。日本教育工学協会・会長、2011年文部科学大臣表彰(情報化促進部門)。

専門は教育工学、情報教育。内閣官房「教育再生実行会議第一分科会」有識者、中央教育審議会初等中等教育分科会教育課程部会情報教育ワーキンググループ主査、文部科学省「デジタル教科書の位置付けに関する検討会議」座長、同「先導的な教育体制構築事業」推進協議会座長、同「情報活用能力調査に関する協力者会議」委員等を歴任。

著書に「ベテラン先生直伝 漢字ドリル/計算ドリル/ワークテストの活用法」(教育同人社)、「管理職のための「教育情報化」対応ガイド」(教育開発研究所)、「すべての子どもがわかる授業づくり―教室でICTを使おう」(高陵社書店)、「フラッシュ型教材のススメ」(旺文社)など多数。

【編著者紹介】(書籍全体の編集、第1章・第2～3章「ポイント」執筆)
齋藤 俊明　さいとう としあき　　群馬県藤岡市立神流小学校・校長

1958年生まれ。千葉大学教育学部卒業。群馬県公立中学校・小学校、群馬県総合教育センター、藤岡市教育委員会などを経て現職。
群馬県総合教育センターの指導主事として、G-TaK(ジータック：群馬県総合教育センター楽しい授業づくり教材コンテンツ集)の開発普及に関わった。
共著に「すべての子どもがわかる授業づくり―教室でICTを使おう」(広陵社)、「ちょっとした工夫でもっと注目される『学校ホームページ』」(教育開発研究所)など

笠原 晶子　かさはら あきこ　　群馬県前橋市立城南小学校・教頭
1961年生まれ。信州大学教育学部卒業。専攻は地層学。群馬県公立小学校教諭、前橋市教育委員会を経て現職。「ICTを活用したわかる授業づくり」をテーマに、手軽で効果的なICT活用の普及に努めている。
共著に「すべての子どもがわかる授業づくり―教室でICTを使おう」(広陵社)、「管理職のための「教育情報化」対応ガイド」(教育開発研究所)、「ベテラン先生直伝 漢字ドリルの活用法」、「ベテラン先生直伝 計算ドリルの活用法」(教育同人社)など

【執筆協力者】
高橋　　純　東京学芸大学教育学部・准教授(第4章)
八木澤史子　東京都大田区立西六郷小学校・教諭(第5章)

【資料提供】(順不同)
チエル株式会社
株式会社ナリカ
株式会社アフロ
株式会社アート工房

理科の達人が推薦する
理科重要観察・実験の指導法60選　5・6年生
ISBN978-4-87384-172-4

2016年3月10日　初版発行

監　修　堀田 龍也
編　著　齋藤 俊明　笠原 晶子
発行者　森 達也
発行所　株式会社 教育同人社　www.djn.co.jp
　　　　170-0013 東京都豊島区東池袋4-21-1
　　　　アウルタワー2F
　　　　TEL 03-3971-5151
　　　　webmaster@djn.co.jp
印刷所　図書印刷株式会社

※所属は2016年3月10日現在のものです。